FOUAD CHOUKI

MA COURSE EN ENFER

hachette
LITTÉRATURES

Ouvrage édité sous la direction de José Carlin Pérez

ISBN : 978-2-01-237831-5

À Mounir Amira, Neila Ben Mansour,
à la cité Molkenbronn
et à mes parents

PROLOGUE

Le juge me fait lever puis s'adresse à moi : « Monsieur Chouki, voulez-vous ajouter quelque chose ? » En Allemagne comme en France, dans un procès, le dernier mot revient à l'accusé. Le procureur vient de requérir sept ans de réclusion à mon encontre. Mon avocat a patiemment expliqué tout au long de sa plaidoirie qu'il n'y avait aucun élément matériel prouvant de quelque manière que ce soit ma culpabilité. Je suis ici enfermé en Allemagne pour « agression avec arme », mais tous les témoins interrogés me disculpent. Comme du reste les traces d'ADN relevées sur les lieux de l'agression. Tout concourt à m'innocenter, on ne peut me condamner sur la seule parole de la victime, par ailleurs bien connue des services de police. En ma qualité de prévenu, j'ai écouté les arguments des uns et des autres en silence, et maintenant il me faut dire un mot, tenter de faire passer en une phrase toute ma sincérité. Je ne sais pas, comment peut-on savoir d'ailleurs ? Je n'ai jamais appris à parler devant un tribunal, moi, je suis un coureur de 1 500 mètres, champion de France, recordman de France, c'est ça que je sais faire. Alors je me lève et je dis ce que je ressens au plus profond de moi. Je dis que je ne suis pas, que je ne serai jamais un criminel.

Il y a un long silence, puis le président lève les débats pour laisser place aux délibérations. Je regarde une dernière fois mes frères dans la salle, puis je suis les policiers qui m'emmènent au sous-sol du tribunal. Ils me font entrer dans une petite cellule, referment la porte à clef puis repartent. Je m'assois sur le lit en fer, il n'y a pas ou peu de bruit. Je suis seul. Une longue attente commence. Au bout de tout ce temps, le verdict. Soit je suis acquitté, c'est alors la fin de ce cauchemar et je retrouve la liberté, ma famille et la vie peut enfin reprendre son cours. Soit les juges suivent le réquisitoire fou du procureur et je pars en prison pour longtemps. Je viens d'y passer plus de six mois et je ne me vois pas y demeurer un jour de plus, surtout pour un acte que je n'ai pas commis. Ce sont les plus longues heures de mon existence. Je sens le sang affluer violemment jusqu'à mes tempes. Je respire fort. Je me dis qu'il faut rester calme. Comme je l'ai été tout au long du procès. Même si dans une salle de ce bâtiment, quelque part, des hommes et des femmes sont en train de décider de ma vie. Je prends ma tête entre mes mains ; je repense à tout cela. À tous ces jours, ces années qui m'ont mené de la une des journaux jusqu'ici, au fond d'un cachot allemand. Des images de stades me reviennent, la clameur de la foule, ces longs entraînements en forêt, ces fous rires en stage avec les autres coureurs, oui, je revois tout ça, mon enfance aussi, à la Montagne Verte. Et puis je pense à mon père, à ce lointain voyage d'où finalement tout a commencé.

1.

DÉPART

Mon père a dix-neuf ans lorsqu'il quitte le Maroc pour la France. Il n'a aucun horizon dans son petit village berbère, sinon une existence de misère. Aujourd'hui, le salaire moyen au Maroc est de 250 euros par mois, imaginez à l'époque. Alors, à peine sorti de l'adolescence, il prend la route pour se rendre d'abord au bureau de l'émigration à Casablanca où sont centralisées les demandes de travail émises de France. C'est fou parce qu'à dix-neuf ans on est encore un gamin. En athlétisme, tu es junior. Moi, à cet âge, j'étais champion de France du 1 500 mètres et on disait que j'avais le potentiel pour, un jour, monter sur un podium olympique. J'avais la vie devant moi, lui, des murs lézardés. Alors, comme beaucoup de ses camarades, un beau matin d'hiver il laisse pour toujours son Rif natal pour aller vers une terre inconnue. Que serais-je aujourd'hui s'il n'avait pas eu ce courage ? Car, contrairement à ce que l'on peut penser, il faut du courage pour émigrer, pour s'arracher aux siens. Oui, émigrer, ce n'est pas aller profiter d'une société accueillante, c'est d'abord un profond déchirement. Une dure nécessité qui s'impose à vous.

Quand je lui en parle, malgré les années, il se souvient exactement de ce jour-là. Le car jusqu'à Tanger, le bateau et enfin cet interminable trajet en train jusqu'à Strasbourg où un contrat d'ouvrier l'attend. C'est comme ça à cette époque. Il n'y a pas de mesures contre les sans-papiers pour les reconduire à la frontière. Au contraire, on les fait venir d'Afrique pour alimenter les usines françaises en manque de main-d'œuvre. Mais lui ne considère pas cela de cette manière. Il voit dans cette demande de travailleurs un espoir inouï de vivre décemment et de pouvoir un jour nourrir la famille qu'il n'a pas encore.

C'est donc le cœur gros mais plein d'espérance qu'il quitte ses parents, ses amis, son pays, son village de Beni Anzar. Un petit bourg accroché au sommet des montagnes du Rif, au-dessus de Nador et de la Méditerranée. Un endroit magnifique où j'aime retourner l'été. La route qui y mène à travers la montagne est longue et sinueuse. Une montagne dure, aride, qui ne nourrit pas son homme. C'est la misère, comme il dit. Alors, mon père descend de sa montagne pour toujours et rejoint le long flot des travailleurs immigrés.

Il arrive par un jour gris et froid. Il y a cinquante centimètres de neige dans les plaines d'Alsace en ce mois d'octobre 1969. Il intègre un foyer, vingt-quatre personnes par chambre et une nouvelle vie qui commence. Neuf heures par jour dans une fabrique de cuisinières pour 400 francs par mois. Ensuite, il a chargé et déchargé des camions. « C'était dur mais il y avait du travail », raconte-t-il aujourd'hui. En 1971, il entre dans une entreprise pour devenir cariste. Il y reste vingt-sept ans. Une vie de labeur, d'effort, de fatigue. Plus tard, il prend un petit appartement dans Strasbourg, puis se marie en 1976 avec ma mère et déménage dans le quartier de la Montagne Verte où je suis né. Dans une cité. C'est là où j'ai grandi ; c'est là où j'ai tout appris, le bien comme le mal, mais surtout le bien. C'est là où j'ai mes amis, où je me sens véritablement chez moi. Quand je vais au Maroc pour les vacances, au bout d'un mois, ma Montagne Verte me manque, la France me manque. Je suis d'origine marocaine, ce sont mes racines, mais je me sens avant tout français. Je suis né et j'ai grandi en France. C'est mon pays. Je m'y sens bien. J'y suis allé à l'école même si je ne m'y suis pas attardé. C'est vrai, môme, je ne pensais qu'à jouer au foot. Je ne pense toujours qu'à ça d'ailleurs. Dès la maternelle, je n'attends qu'une chose, la cloche, le signal de la récréation pour aller taper dans un ballon. Les années passent et rien ne change. Je veux être Zidane, ou rien. La providence va en décider autrement.

2.

PREMIÈRES FOULÉES, PREMIERS SUCCÈS

Lorsque j'y repense du fond de ma prison, enfant, je ne me rendais pas vraiment compte que je courais vite et surtout que je courais longtemps sans faiblir. Certes, dans la cour de l'école, dans nos jeux de gosses, je suis toujours en tête et je ne me fais jamais attraper. Mais cela ne va pas plus loin. C'est en classe de sixième que je sens tout de même qu'il y a quelque chose de singulier. Chaque année, le collège organise un cross et tout le monde y participe. Je suis le mouvement. Le départ est donné ; je pars à mon allure, sans vraiment faire attention à ce qui se passe à côté de moi, et très vite, autour, il ne se passe rien puisqu'il n'y a plus personne ! Je vais devant, à mon rythme, et je gagne la course avec 400 mètres d'avance sur le deuxième. Le professeur de sport qui s'occupe de l'athlétisme le mercredi après-midi n'en revient pas. Il s'appelle Jean-Claude Richter. Cet homme aura un rôle déterminant dans ma vie. Sans lui, jamais je n'aurais fait d'athlétisme. Il est l'un de ces milliers d'éducateurs passionnés qui donnent de leur personne et n'exigent rien en retour. Je lui dois beaucoup. L'année suivante, je suis alors en cinquième, il m'inscrit pour disputer le cross de district, à Achenheim, que je gagne avec encore une large avance sur les suivants. Malheureusement, quelques jours plus tard, je me prends un banc d'école sur l'orteil et je ne peux participer aux championnats départementaux. M. Richter est déçu. Il n'y a plus qu'à attendre l'année suivante, mais cet incident est vite oublié.

Un an plus tard, en classe de quatrième, je gagne à nouveau le cross du collège avec une marge confortable. Cette fois, pas de banc sur le pied, je peux disputer le championnat de district que je remporte aussi facilement que le cross du collège. Cela me qualifie pour les championnats du Bas-Rhin.

Je me trouve au départ, dans l'immense peloton des jeunes coureurs qui attendent le coup de feu. C'est alors qu'un garçon me marche sur le talon et me fait perdre ma chaussure. Je la ramasse au moment où le starter donne le départ. Tout le monde s'élance et moi, je reste là avec ma chaussure dans les mains. Hébété. Je ne sais pas quoi faire. J'essaie dans un premier temps de la remettre, mais en vain. Les autres concurrents s'éloignent de plus en plus. Je n'arrive toujours pas à enfiler ma chaussure. De rage, je la lance par terre et m'élance enfin avec un pied nu... Les autres sont déjà loin, au moins 800 mètres devant. J'entame alors une folle poursuite, d'autant plus difficile que le chemin par lequel passe le cross est étroit et que les dépassements s'avèrent, du coup, compliqués. Mais, cahin-caha, je remonte un à un les coureurs. Seuls les sept premiers sont qualifiés pour les championnats régionaux. Je poursuis ma remontée. Mes jambes se font très lourdes quand je vois au loin la banderole d'arrivée. Mon pied nu me fait mal mais je sprinte avec ce qui me reste de force pour terminer à la... 6e place. M. Richter est sidéré. Ce ne sera pas la dernière fois. Par la suite, je remporte les championnats d'Alsace et accède pour la première fois aux championnats de France. Mais je tombe malade la semaine de la course et manque de déclarer forfait. Finalement, je participe bien à ces championnats qui se déroulent aux Mureaux, en région parisienne. C'est la première fois que je me rends dans une région de France autre que l'Alsace. Pour le gamin que je suis, c'est un vrai dépaysement.

Si je suis dans l'incapacité de défendre mes chances et ne prends qu'une modeste 57e place, je viens toutefois de faire mes débuts dans l'athlétisme, sans m'en rendre compte. Pour moi, ce n'est qu'un jeu, un jeu à courir pour être le premier. Et un jeu qui ne vaut pas celui que je préfère entre tous, le football ! Après cette compétition, comme à chaque fois, je retourne jouer au ballon avec mes copains, au grand dam de M. Richter.

La vie s'écoule paisiblement à la Montagne Verte. J'habite un modeste appartement avec mes parents et mes cinq frères. Entre les lessives, la préparation des repas, la couture, ma mère n'arrête pas une seule seconde ; une vie à élever ses enfants. Mes parents sont stricts mais aimants et nous ne manquons jamais de rien malgré les maigres revenus de mon père. Ils m'apprennent à respecter tout le monde. Alors, du fond de ma cellule allemande, lorsque je repense à cette époque en attendant mon sort, il ne me revient que des bons souvenirs.

1992. Je suis en classe de troisième. Je prends bien le départ du cross de l'établissement puis du district avec le même succès. Viennent alors les championnats du Bas-Rhin : cette fois, je ne perds pas ma chaussure et l'emporte facilement. Tout comme du reste aux championnats d'Alsace. Une jolie victoire et les premières médailles que je rapporte à la maison. Et toujours M. Richter à mes côtés. Je gagne le droit de participer à mes deuxièmes championnats de France. Pourtant, je ne m'entraîne toujours pas. Je ne suis même pas inscrit dans un club d'athlétisme. Ma seule obsession : continuer à jouer assidûment au football. Le reste n'a pas d'importance.

Les championnats de France débutent.

Le départ est impressionnant, il y a énormément de coureurs. Une foule immense de gamins comme moi, venus de toute la France. Je me dis qu'il ne faut pas se laisser impressionner par tout ce monde. Je décide donc de courir comme d'habitude. Je pars vite et je verrai bien si je tiens le rythme ou pas. Finalement, je me sens bien et, au bout de quelques kilomètres, je suis toujours en tête de la course et me retrouve au coude à coude avec un garçon qui, lui, je l'apprendrai plus tard, vient de Metz ; l'Alsace et la Lorraine côte à côte pour le sprint final. Nous ne savons pas encore que nous allons longtemps ainsi nous affronter. Pour cette première fois, c'est Bob Tahri qui l'emporte et je monte sur la deuxième place du podium. Des courses comme celle-là, on va en faire beaucoup. Ce qui nous rapprochera forcément et puis un jour nous éloignera.

En tout cas, cette 2e place ravit M. Richter. Il va alors me convaincre qu'il est temps que je me mette vraiment à l'athlétisme. Il me dit que si je le veux, si je m'entraîne, j'ai un grand avenir dans ce sport. Je ne suis pas convaincu, mais je l'écoute.

C'est ainsi qu'à la fin de l'année 1992, je m'inscris à la section d'athlétisme de l'AS Cheminots de Strasbourg où officie celui qui sera mon premier entraîneur, Bernard Sutter. C'est avec lui que je débute mes premiers vrais entraînements et ressens mes premières souffrances. Car l'athlétisme est un sport difficile. Notamment le demi-fond. Comme le vélo ou la natation, c'est une discipline où l'on se retrouve seul durant de longues heures à devoir lutter contre la fatigue, la douleur musculaire. Pour réussir, il faut avant tout un mental de combattant. Parce qu'il n'y a, tout du moins dans mon cas, aucun plaisir à courir ainsi. J'ai entendu certains athlètes, dans des interviews, raconter le bonheur de la course à pied, le plaisir des séances rudes. Moi, je n'ai jamais ressenti une seule fois le plaisir de courir. L'athlétisme, ce ne fut que de la souffrance et chaque entraînement, une lutte. Et ce, dès ces premiers jours avec Bernard Sutter chez les minimes (saisons 1992-1993). Je tiens quatre mois. Et puis j'arrête. Simplement parce que pour moi, le sport doit être un plaisir et que je ne vois pas le plaisir de courir. M. Richter me dit que c'est du gâchis, M. Sutter aussi. Ils me répètent que j'ai du talent, que je n'ai pas le droit de ne pas le faire fructifier. Que je vais passer à côté de grandes choses. Ils font tout pour me ramener à la raison. Comme tant d'éducateurs le font avec des jeunes qui ne veulent pas s'astreindre à des contraintes. Qui s'éparpillent. Souvent, des carrières se jouent dans ces instants-là. Sur la force de persuasion d'un entraîneur, sur des mots qui vont toucher ou non un enfant.

C'est ainsi qu'à la rentrée, je cours à nouveau le cross du collège... Et finalement je vais reprendre l'athlétisme. Je retourne m'entraîner tout en continuant le foot, je suis les séances d'entraînement de temps en temps. Je ne suis pas d'une absolue assiduité et, parfois, M. Richter ou M. Sutter, constatant mon absence au stade, viennent me chercher à la cité.

Au printemps 1993, je conquiers mon premier titre de champion de France. Il ne s'agit plus de compétition scolaire, mais des championnats de la Fédération française d'athlétisme. Je suis inscrit sur le 3 000 mètres, en catégorie minimes 2. Il m'a fallu auparavant gagner les championnats du Bas-Rhin, puis ceux d'Alsace, pour ainsi me qualifier pour les « France », comme on dit. Les épreuves se déroulent à Montgeron. Nous partons dans la voiture de M. Sutter, une Peugeot 405. Je vais en faire des kilomètres dans cette voiture... Lorsque je découvre le site de la compétition, je suis à nouveau très impressionné. Il y a énormément de monde, des jeunes qui viennent de toutes les régions. J'apprends comme ça la géographie.

Quand j'arrive sur le stade, je retrouve le coureur de Metz, celui qui ne va plus cesser d'être mon meilleur adversaire, Bob Tahri. Mais, cette fois, je me suis juré de prendre ma revanche et de ne pas me laisser faire. Au moment de m'aligner sur la ligne de départ, je constate que tous les coureurs sont habillés en athlète, short, maillot, pointes. Moi, je suis vêtu comme un footballeur…

Je ne connais absolument rien à la manière de conduire une course, je ne sais pas combien il faut faire de tours, les options tactiques me sont complètement étrangères. Alors, je m'insère dans le peloton, bien calé au milieu du groupe de coureurs. Je suis tranquillement le rythme. Et puis, dans le dernier tour, je commence à accélérer. Bob est le seul à me suivre, mais, dans les derniers 200 mètres, j'engage le sprint et je le lâche. Je franchis la ligne avec une trentaine de mètres d'avance. Je suis heureux comme un enfant, mes copains du club et M. Sutter également. Je suis champion de France minime. Avec un temps de 9'02".

Quelques semaines auparavant, j'ai participé à des olympiades UNSS, une sorte de jeux Olympiques pour les scolaires. Tous les sports y sont réunis, dans une ambiance extraordinaire. Je dispute le 3 000 mètres. Je me sens à l'aise. Là encore, je me détache du peloton, j'accélère et me dégage avec plusieurs dizaines de mètres d'avance. Si bien que j'achève la dernière ligne droite en footing, en saluant les copains dans les tribunes. Je ne connaissais pas à l'époque la signification du mot record. Je ne savais même pas qu'il existait un record de France. Aussi, pendant que je fais à petite allure des signes à mes copains, j'ignore que je perds un temps précieux, que je laisse s'en aller le record de France du 3 000 mètres minimes. Je termine la course en 8'49" à deux dixièmes du record… En sprintant, en poursuivant mon effort jusqu'au bout, je l'aurais pulvérisé de plusieurs secondes. Mais qu'importe, je profite de l'instant, comme l'a fait, toute proportion gardée, Usain Bolt lors des jeux Olympiques de Pékin. Lors de son 100 mètres victorieux, lorsqu'il a vu qu'il avait course gagnée, il a coupé son effort et a laissé ainsi filer au moins plusieurs centièmes de seconde. Tout le monde a dit : c'est bête, il aurait dû poursuivre son effort jusqu'au bout et aurait réalisé un temps encore meilleur. Mais à ce moment-là, peu lui importait le record, il voyait juste qu'il avait gagné, qu'il était champion olympique, et cela l'emportait sur tout. Le sportif recherche la victoire avant toute chose. Moi, sur cette course, je ne savais tout simplement pas qu'il existait un record de France !

Ce sont mes premières victoires, elles ont une saveur singulière. Quand on discute avec des sportifs en fin de carrière, on se rend compte que, souvent, leur plus grande émotion fut un titre cadet, junior, une victoire de l'enfance.

Ce premier succès aux championnats de France me convainc en revanche que MM. Richter et Sutter ont peut-être raison. À la rentrée 1993, je décide donc de poursuivre l'athlétisme. Ou plutôt de commencer à m'entraîner sérieusement. À raison de trois séances par semaine dont une le jeudi à Hautepierre, où s'entraîne également un autre jeune espoir de la région âgé de quelques mois de plus que moi, un certain Mehdi Baala.

On va se croiser ainsi toutes les semaines à l'entraînement, puis en compétition, et en équipe de France que j'intègre la saison suivante.

Je domine largement les années de la catégorie cadet (saisons 1993-1994 et 1994-1995). Je gagne au cours de ces deux saisons les championnats interrégionaux de cross à Vittel, devant Bob Tahri et Mehdi Baala.

L'année suivante, lors de ma deuxième saison chez les cadets, les championnats de France de cross ont lieu à Castres, en plein milieu du ramadan. Le terrain est lourd, il y a une boue épaisse. Je n'ai pas mangé de la journée et la course a lieu en début d'après-midi. Comme d'habitude à cette époque, je pars devant et je mène la course. Je me souviens que Bob Tahri m'a demandé de l'attendre. Souvent, durant les courses, il me demande ainsi de l'emmener. « Après, tu t'en iras, mais emmène-moi avec toi », me dit-il. Il est alors mon ami, je l'attends. Lorsque je m'approche de l'arrivée, j'accélère pour me détacher avec une cinquantaine de mètres d'avance. Mais à 200 mètres de la ligne d'arrivée, soudainement, mes forces me lâchent complètement. D'un coup, je m'écroule. Impossible de me relever. Les organisateurs viennent me chercher, m'emmènent à l'infirmerie où je reste un très long moment avant de pouvoir me sentir à nouveau bien. Ce fut très dur à supporter, même si je sais bien que le cross est une discipline de souffrance. Reste que j'adore cette course, on est proche du public, on évolue en pleine nature, c'est pour beaucoup l'esprit même de la course à pied. Elle se court l'hiver, dans le froid et la boue, c'est une épreuve de courageux. Courir sur piste, c'est autre chose. On évolue en petit peloton, à partir du printemps, et puis c'est plus tactique, et plus nerveux aussi.

Tout comme en cross, je suis assez performant en piste. Lors de ma première année cadet, les championnats de France sur piste se déroulent à Bordeaux. Très franchement, je me sens imbattable ce jour-là, même si Bob Tahri est aussi dans de bonnes dispositions. Je mène de bout en bout lors de ce 3 000 mètres, personne ne met le nez devant moi et je me détache du peloton quand je le décide. Je gagne cette course avec près de 70 mètres d'avance. L'année suivante, au printemps 1995, les championnats de France sur piste ont lieu à Dreux. Cette fois, Bob s'accroche davantage, mais je gagne néanmoins ce 3 000 mètres (8'32"8), tandis que Medhi Baala termine loin derrière.

J'ai alors dix-sept ans, j'évolue encore chez les cadets, mais mon club décide de me faire courir le meeting national de Nancy avec les seniors (à partir de vingt ans). Lors de cette compétition, je cherche à suivre les « grands », mais mon corps n'est pas encore prêt, je n'ai pas encore ce qu'on appelle dans notre jargon la « caisse », à savoir une capacité d'endurance suffisante. Si bien que durant la course, je vais « exploser », arriver à mon point de rupture. Je termine néanmoins le 3 000 mètres en 8'11", la meilleure performance mondiale de l'année chez les cadets.

Parallèlement aux compétitions d'athlétisme, je joue au foot dans mon club, le FCSK06, le Football-Club sportif de Koenigshoffen, fondé en 1906. Mes semaines sont chargées. Souvent, le week-end, je dispute un match de foot le samedi, puis, le dimanche matin, je m'aligne dans un cross où je retrouve Mehdi Baala. Lors de ces années cadet et junior, je le devance systématiquement en cross, à l'exception d'un championnat d'Alsace en cadet 1. Il faut dire que, qu'il s'agisse des inter-régionaux, du cross du *Figaro*, de celui de la RATP, du cross de Metz et surtout du cross du *Républicain lorrain*, je suis un véritable épouvantail pour mes adversaires les plus sérieux qui s'entraînent beaucoup plus que moi. Je termine vainqueur quatre années de suite, à chaque fois devant Bob Tahri, à l'exception d'une seule fois où c'est Mehdi Baala qui termine sur mes talons. Pourtant, mes camarades de l'équipe de France – cadets d'abord, et juniors ensuite – s'entraînent, eux, tous les jours. J'en suis parfaitement incapable, l'athlétisme n'occupant qu'une place parmi d'autres activités dans ma jeune vie sportive.

Reste que tous les responsables du demi-fond et de l'athlétisme le disent, de cette génération qui est celle de Mehdi Baala et Bob Tahri, je suis le plus doué. Mais assurément le moins assidu. Le moins sérieux aussi. Lorsque l'on se retrouve tous en stage, je suis souvent celui qui met l'ambiance, toujours à l'affût d'une bonne blague. Je me souviens d'un stage au Portugal où nous logions dans une résidence balnéaire où séjournaient beaucoup de personnes âgées. J'avais perdu aux cartes et le gage pour le vaincu était de se rendre dans la grande salle où se tenait le petit déjeuner simplement vêtu d'un caleçon. Je descends donc le matin, en caleçon, et je fais le tour de la salle en courant dans l'hilarité générale. Surtout qu'en plein milieu des tables, au plus fort de mon footing, je fais un vol plané de légende. Fou rire absolu et ovation de l'assemblée. Il y a chaque soir dans cet hôtel un numéro de cabaret où se produit un comique pour distraire les clubs du troisième âge. Or, ce jour-là, l'artiste se décommande au dernier moment. Le patron de l'hôtel est très embarrassé. Toutefois, il se souvient de mon succès matinal. Il vient alors me trouver et m'explique son problème. Il me demande si je ne veux pas remplacer le comique au pied levé. J'accepte sa proposition et relève le défi. Durant l'après-midi, je prépare mon spectacle, j'imagine quelques sketches et, le soir, je donne mon premier récital en public. Un public aux cheveux blancs, bon esprit, aux côtés de tous mes camarades qui évidemment ne veulent pas manquer cela. Je joue alors des petits sketches pas très élaborés mais qui font rire une assistance de toute façon conquise à l'avance. Au final, je rencontre un véritable succès, mais j'interromps là cette carrière d'humoriste.

Je garde d'une manière générale de très bons souvenirs de cette ambiance de stage avec Baala, Tahri, Pencreach, Chekhemani, Chebili, Bosch... Bien sûr, les footings tournent vite à la « compèt » et on se met – comme nous le disons entre nous – des « mines » terribles, soit des accélérations soudaines pour déstabiliser les autres coureurs. À cette époque, l'atmosphère entre nous est excellente, même si elle se détériore par la suite. Longtemps, j'entretiendrai des rapports amicaux avec Bob qui habite à Metz et Mehdi qui vit à Strasbourg, comme moi. Tous les jeudis, nous nous retrouvons sur le stade de Hautepierre où Mehdi s'entraîne à l'année. Comme il doit poursuivre ses études à Strasbourg, Bob finit par nous rejoindre et est scolarisé comme moi au lycée Charles-Frey. Il loge souvent à la maison, et j'en fais tout autant en me rendant chez lui. Régulièrement, je l'accompagne à Metz où son père, gravement malade, est hospitalisé. Je le soutiens autant que je le peux dans ce moment terrible. Nous sommes vraiment très proches. Lorsque son père décède, Bob est chez moi. C'est une terrible épreuve pour lui. J'essaie de l'entourer, de le réconforter. Nos vies ont plus tard pris des chemins différents, mais je le regrette.

Je regrette aussi que lorsque ce fut mon tour de vivre des périodes difficiles, il ne m'ait fait aucun signe. Pour autant, ces années représentent à jamais quelque chose de fort entre nous. Il faut s'imaginer notre adolescence si particulière axée sur l'athlétisme. Un sport très exigeant qui impose de nombreux sacrifices, par rapport aux amis, aux sorties, bref, une sorte de jeunesse manquée. Faire attention à son alimentation, à son sommeil, lorsque l'on a dix-sept ans, ce n'est pas simple. C'est pourquoi nous avons besoin de partager cette existence peu commune, même si je me sens beaucoup moins impliqué que les autres.

En 1995, j'intègre sans conviction un BEP comptabilité. Je commence déjà à gagner ma vie avec le sport, à peu près l'équivalent d'un SMIC. Tant bien que mal, j'essaie de ne pas trop m'éparpiller. Pas facile. En effet, dans cette communauté que forme une cité, je suis souvent sollicité par les copains. « Fouad, tu viens ? » « Fouad, on sort ce soir », « Fouad, viens jouer au foot... » J'ai beaucoup de mal à résister à ce genre de tentations, même si mes entraîneurs veillent à ce que je ne me disperse pas trop.

Lors de la saison 1995-1996, ma première année chez les juniors, je franchis une étape et passe à cinq entraînements par semaine. C'est ce que font mes camarades depuis longtemps, mais pour moi cela constitue un gros effort. D'autant que je continue à respecter la période de jeûne du ramadan. Je dois le reconnaître, courir sans manger, c'est épuisant. Je me sens très faible. Mais je n'ai jamais manqué un ramadan, simplement, je m'entraînais moins.

À côté de cette carrière d'athlète qui semble se dessiner, je continue inlassablement de pratiquer le football. J'évolue en division d'honneur et suis régulièrement appelé à évoluer avec l'équipe interrégionale. J'occupe le poste de meneur de jeu, n° 10. Mon poste de prédilection. Malheureusement, mes bons résultats en athlétisme m'empêchent de me consacrer complètement au football et de tenter d'y faire carrière. On ne me voit que comme un athlète alors que moi, je veux devenir footballeur.

Mais voilà, il est évident pour tout le monde qu'un grand avenir m'attend dans l'athlétisme, sauf peut-être pour mes parents. Eux ne se rendent pas compte de ce que je fais ; ils ne savent pas ce qu'est l'athlétisme. Ils me voient juste revenir à la maison avec des coupes et des médailles, et ça leur fait plaisir. Cela ne va pas plus loin. Il y a parfois un voisin ici et là qui leur apporte un article me concernant. Ils sont fiers. Voilà tout. Ce n'est que plus tard, une fois qu'ils me verront à la télévision, qu'ils comprendront un peu mieux à quoi j'occupe une grande partie de mes semaines.

Je traverse mes années junior (saisons 1995-1996 et 1996-1997) ballotté entre les tentations de ma vie à la Montagne Verte, les matchs de foot et les remontrances légitimes de mes entraîneurs, désolés que je n'exploite pas ce talent dont m'a doté la nature. Au fil des mois, je manque de plus en plus d'entraînements. Je sors, je rentre tard. Je ne prête pas attention comme il le faudrait à ce que je mange. Malgré tout, les résultats suivent, mais ils ne sont pas à la hauteur de ce qu'ils devraient être. Je commence à prendre du retard sur les autres athlètes de ma catégorie qui, eux, s'entraînent sérieusement et quotidiennement. Mon talent seul ne va plus suffire. Ainsi, en finale des championnats de France à Vénissieux en 1996, je termine 2e (en 3'49"18) du 1 500 mètres derrière Mehdi Baala (3'48"91), lui que je battais si régulièrement par le passé. Et Mehdi va devenir mon concurrent permanent puisque je décide de me consacrer au 1 500 mètres lors de cette saison. Le 1 500 mètres, la reine des distances, la course des seigneurs du demi-fond. La plus belle, la plus prisée, celle que visent les meilleurs coureurs. Tous ceux qui connaissent bien la course à pied vous le diront, il y a le 1 500 mètres et les autres courses. Celles que l'on prend en second choix quand on sait que l'on ne peut rivaliser sur 1 500 mètres sont le 800 mètres, le 3 000 mètres steeple et le 5 000 mètres. Il s'agit de belles courses, mais moins prestigieuses. D'ailleurs, nul ne connaît les coureurs de 5 000 ou 10 000 mètres, à part bien sûr Hailé Gebreselassié et Kenenisa Bekele qui sont deux phénomènes. Les meilleurs fondeurs vont sur 1 500 mètres, comme l'ont fait Hicham El Guerrrouj ou Saïd Aouita. Comme les meilleurs sprinters vont sur 100 mètres, la distance forte du sprint, celle pour laquelle les gens se déplacent.

C'est pourquoi je suis particulièrement heureux et fier de remporter le titre de champion de France junior l'année suivante, en 1997, cette fois devant Mehdi Baala mais aussi Bob Tahri. À nouveau, je fais le voyage jusqu'à Villeneuve-d'Ascq dans la 405 de M. Sutter. À chaque fois que je dois effectuer un stage d'entraînement avec l'équipe de France, il prend sa voiture et il m'emmène. Souvent, ces stages ont lieu à Gap. Nous partons donc de Strasbourg et il m'y conduit, puis rentre chez lui avant de revenir me chercher. On ne rendra jamais assez hommage à ces hommes et à ces femmes de bonne volonté, tous ces éducateurs désintéressés, altruistes, sans qui il n'y aurait pas de champions. Tous ceux qui sont montés sur les podiums ont ainsi croisé dans leur vie un M. Sutter, un M. Richter.

Cette année-là à Villeneuve-d'Ascq, je lui rends donc un peu de ce qu'il me donne. La course est tactique : les concurrents se jaugent, aucun ne mène la course ni n'impose une allure. Il y a, parmi les finalistes, Mehdi Baala. Je reste dans le peloton car je sais que je suis plus rapide que lui au finish. Après avoir été champion de France chez les minimes, champion de France chez les cadets, je deviens champion de France chez les juniors.

Ces succès m'ont ouvert la porte de l'équipe de France, et donc des compétitions internationales, à partir de la catégorie cadets. Ce sont d'abord des matchs internationaux, et viennent alors mes premières victoires, mes premières *Marseillaise*. C'est émouvant d'écouter son hymne sur un podium pour un môme qui vient de la Montagne Verte, fils d'un petit ouvrier berbère du Rif. Le sport va aussi me permettre de voyager, de découvrir le monde. Ma première grande sortie est un match France-Algérie-Espagne à Barcelone, le 16 juillet 1994. Je vais courir dans le stade où se sont déroulés les jeux Olympiques de 1992, sur la colline de Montjuic. C'est une impression extraordinaire de courir dans un si grand et si beau stade, une forme de reconnaissance d'être admis à concourir dans de tels lieux, d'autant plus que je remporte la course en 8'27"25. Puis, je découvre l'Afrique du Sud à l'occasion des championnats du monde de cross juniors à Cape Town. Imaginez le voyage que cela peut représenter pour un môme comme moi. Malheureusement, je ne suis pas classé, car j'abandonne pendant la course.

En août 1996, je m'envole avec l'équipe de France pour les championnats du monde juniors à Sydney (20 au 25 août). C'est une belle équipe, avec Muriel Hurtis, Sylviane Felix, Marc Raquil, Mehdi Baala. Avec Mehdi, nous sommes engagés dans le 1 500 mètres. Lui est éliminé dès les séries. Pour ma part, je les passe sans trop d'encombre et me qualifie pour les demi-finales. Lors de ce rassemblement, sont présents tous les futurs cracks de l'athlétisme. Je parviens à me qualifier aux côtés des Éthiopiens comme Assefa Mezgebu, et bien sûr les Kenyans. Eux sont déjà tous professionnels, alors que moi je continue à bricoler. Je termine à la 6e place (3'45"32) de cette demi-finale, à un centième d'une place en finale.

Dans l'avion du retour, je prends alors conscience qu'on ne peut pratiquer l'athlétisme en dilettante et espérer rivaliser avec des coureurs de cet acabit. Le simple talent me permet d'être champion de France, mais pas d'espérer quoi que ce soit sur le plan international. Ma préparation n'est pas suffisante. Certes, les Kenyans, les Éthiopiens non seulement ont de grosses qualités, mais en plus, ils travaillent avec énormément d'assiduité. Toute leur vie est consacrée à cela, du matin au soir, ils vivent même en permanence dans des camps d'athlétisme et s'entraînent donc plusieurs fois par jour. Ils partent le matin dès l'aurore, à jeun, effectuer à plusieurs une séance à un rythme élevé sur des chemins escarpés à très haute altitude. Des entraînements durant lesquels chacun essaie de défier l'autre, ils sont déjà dans la compétition. Puis ils rentrent déjeuner. Se reposent. Et recommencent l'après-midi. Évidemment, je suis à des années-lumière de ce mode d'existence. J'ai toujours cette sainte horreur d'enfiler mes chaussures de jogging.

Lors de ma deuxième année chez les juniors (1997), je prends part en juillet aux championnats d'Europe à Ljubljana, en Slovénie. Je ne cours pas bien lors de ce championnat. Je n'ai encore aucune notion tactique. À la cloche, c'est-à-dire à un tour de l'arrivée, je me retrouve dernier de la course. Je dois doubler tout le monde, ce qui me prend de l'énergie et, au final, je termine 4e (3'48"20). Mehdi, lui, a pris la 7e place.

Durant cette deuxième année chez les juniors, je décide de me fixer sur 1 500 mètres et de délaisser le 3 000 mètres, sauf occasionnellement, comme lors de cette course à Metz. Elle est organisée en hommage au père de mon copain Bob Tahri, sous les yeux de sa mère présente dans les tribunes. J'éprouve de très bonnes sensations physiques tout au long de cette course, mais dans les derniers mètres, je l'avoue – d'ailleurs plusieurs personnes l'ont vu et sont venues me le dire et me remercier –, je laisse gagner Bob. Je ne me sens pas de le devancer ici, en Lorraine, chez lui, avec tout ce qui vient de lui arriver. Il bat ce jour-là le record de France. Mais je ne regrette pas mon geste, il y a des moments où la compétition doit laisser place aux sentiments. Aujourd'hui encore, je suis fier de m'être comporté ainsi, et j'y ai plus gagné que si j'avais cherché à battre un record.

Malheureusement, ensuite, je ne vais pas réussir à trouver une course de haut niveau, disputée sur des bases suffisamment rapides pour me permettre de réaliser un grand 1 500 mètres. J'ai néanmoins couru en 3'42"02, et je me classe premier aux bilans nationaux en fin de saison. Bob Tahri est 2e avec un temps de 3'42"43 et Mehdi Baala, 3e avec 3'45"34.

Après cette grosse saison, tout le monde s'attend à ce que les années suivantes soient brillantes. Mais, malgré ces succès et ces attentes, malgré mon titre de champion de France, je demeure accroché encore et toujours à mon rêve d'embrasser une carrière dans un tout autre sport. L'athlétisme, ce n'est définitivement pas mon truc. J'aime bien la compétition, gagner des courses, la bagarre du peloton, mais je n'aime pas courir. Alors, malgré ce titre, malgré le potentiel que l'on me reconnaît, l'avenir que l'on m'assure, je décide de renoncer à ce parcours tout tracé.

Ainsi, au mois d'octobre 1997, lorsqu'il s'agit de s'y remettre, de rechausser les joggings et de repartir dans la forêt avaler des kilomètres de sentiers, je n'en trouve pas la force. Je décide d'abandonner la partie, en un mot, je lâche prise. C'est certainement la première grosse erreur de mon parcours. Je ne suis pas capable de voir au-delà du moment, de comprendre vraiment ce que je suis en train de perdre. Comme cela va m'arriver souvent, je renonce devant la difficulté. M. Sutter et M. Richter tentent évidemment encore tout pour me faire revenir. Ils jugent ma décision absurde. Ils me répètent que c'est une folie, que je vais gâcher ma vie. Même mes parents, ma famille essaient de me convaincre de repartir m'entraîner. Mais non, le ressort n'est pas cassé, il n'a en fait jamais été vraiment remonté. Ou plutôt, il n'y a tout simplement pas de ressort. Lorsqu'on est adolescent, on vit au jour le jour. On ne perçoit pas toutes les conséquences qui découlent de telles décisions, car quelquefois la chance ne passe qu'une fois. Je suis doué pour un sport malgré moi.

3.

POINT DE CÔTÉ

Quand les gens de l'athlétisme apprennent ma décision, un grand nombre d'entre eux tentent de me faire changer d'avis. D'abord beaucoup d'adversaires comme Nadir Bosch, Saïd Chebili, Badredine Zioini, Gaël Pencréach, mais aussi des athlètes d'autres disciplines comme Marc Raquil. L'encadrement fédéral du demi-fond (Patrice Binelli, Philippe Dupont, Jean-François Pontier, Roger Millot, Jean-Claude Vollmer, José Marajo) me met aussi une grosse pression en m'expliquant que je commets une réelle bêtise. Aujourd'hui, je mesure combien ils avaient raison. En revanche, Mehdi Baala et Bob Tahri ne me font passer aucun message particulier. Pas de coup de téléphone. Je pense qu'ils ne sont pas mécontents de voir ainsi leur plus vieil adversaire leur abandonner la place. Je la leur laisse en tout cas bien volontiers. Maintenant, je comprends que ma décision de tout arrêter du jour au lendemain ait choqué beaucoup de gens. Quand on y pense, c'est dingue, car je viens tout de même de remporter les championnats de France et de réaliser le meilleur temps de la saison sur 1 500 mètres. On me prédit un bel avenir dans la discipline, mais moi je balaye tout ça d'un revers de main. J'aspire simplement à retrouver une vie normale avec mes copains du quartier.

Même si, pendant ces années de compétition intense, je retrouvais les copains plus souvent qu'il ne fallait, je constate que nos modes de vie ont un peu divergé. Je poursuis bien entendu le foot, de manière encore plus assidue, et puis je sors, je m'amuse, je vis la vie des jeunes de mon âge du quartier.

Il y a trois quartiers populaires comme le mien à Strasbourg. Le Neuhof, Hautepierre, et donc la Montagne Verte. Ce dernier est certainement le plus paisible. Quand ont lieu les émeutes, en 2005, c'est celui où l'on compte le moins de voitures brûlées. Je crois que l'urbanisme est pour beaucoup dans cette différence. La Montagne Verte, à la différence des deux autres quartiers, est une cité à taille humaine. Les immeubles ne font guère plus de quatre étages, il y a de la verdure. Certes, on y connaît aussi des problèmes de délinquance, mais il y fait quand même bon vivre. Les gens respectent leur environnement, ce qui n'est pas le cas partout ailleurs. C'est peut-être pour cela aussi qu'il y a beaucoup de jeunes de ma cité qui ont fait des études. Une proportion importante pour un tel quartier a eu le baccalauréat. Il est tout aussi cosmopolite que les autres. J'ai des amis de toutes origines. Notre génération a grandi sans faire attention à nos différences. On se moquait de savoir si on était marocain, turc, camerounais… Ce n'est plus aussi vrai aujourd'hui. Il faut dire que le climat s'est détérioré. Le taux de chômage des jeunes est énorme dans ces quartiers. Bien sûr, il y a tout un tas de gars qui ne recherchent pas de travail et se contentent de « tenir le mur », comme on dit. Mais il y en a aussi beaucoup qui veulent travailler, qui cherchent ou qui ont cherché du travail et n'en ont pas trouvé. C'est une réalité. Rien n'a vraiment été fait pour leur venir en aide. Je veux dire rien de concret. En revanche, on leur propose facilement, comme on me l'a déjà fait, de transporter de la drogue. En un trajet, ils peuvent gagner 2 000 euros. C'est tentant, moi-même, j'ai été tenté.

Les filles chez nous réussissent davantage que les garçons. Elles sont meilleures à l'école. Comme elles ne peuvent traîner comme les garçons au risque de se voir infliger une sale réputation, elles sont donc plus sérieuses. Je sais que ce n'est pas normal, mais c'est comme ça que ça se passe. Je dois reconnaître que si j'avais une sœur, je ferais toujours attention à elle, alors qu'avec mes frères, je n'ai jamais vraiment cherché à savoir ce qu'ils faisaient, où ils allaient. Les filles, dans notre culture, sont davantage couvées par les parents. Ce qui explique leur réussite et leur bonne intégration. Moi, de ce côté-là, je n'ai jamais ressenti de difficulté. Je me suis toujours senti bien partout. Je ne me rappelle pas avoir subi une situation de racisme.

De l'automne 1997 à février 2000, je vais donc vivre ainsi, ou plutôt me laisser vivre. La course à pied a disparu de mon quotidien. Courir vite et longtemps ne me sert plus à rien. Ou alors lorsqu'il s'agit de se sauver. Il est vrai que, durant mon adolescence, mes qualités athlétiques peuvent me venir en aide, parfois même dans des moments critiques.

Comme ce jour où, avec les copains, nous repérons que des barres chocolatées sont stockées dans une benne. Incapables de résister à la tentation, nous plongeons dans la benne pour nous goinfrer. C'est à ce moment que des policiers de la brigade anticriminalité, la BAC, qui tournent dans le quartier nous découvrent. Nous nous échappons en nous dispersant. La police nous poursuit, et deux de mes copains se font attraper. Dans mon cas, ils ont couru longtemps et ne m'ont jamais rejoint. L'un d'eux s'est même claqué un muscle lors de la course-poursuite ! C'est l'un de mes copains arrêté puis relâché qui me l'a raconté. Je dois avouer que l'on a bien ri. Une autre fois aussi, mes jambes me sauvent d'une situation délicate. Nous faisons une énorme bataille de yaourts dans le local de la coopérative à côté de chez moi, lorsque le propriétaire surgit. Furieux, il nous course, rattrape mes copains, mais pas moi, je peux encore m'échapper…

Il s'agit là de petits méfaits, car globalement le sport ne m'a sauvé de rien. Au contraire, il m'a conduit vers certaines dérives. Pourtant, plus jeune, je ne suis jamais tombé ni dans la délinquance ni dans la drogue, et si j'ai quelques copains qui ont mal tourné, ils sont rares. La plupart sont restés dans le droit chemin.

Les semaines et les mois s'écoulent, au grand désespoir de mes ex-entraîneurs qui constatent que, pendant ce temps-là, mes anciens adversaires continuent de s'entraîner et de progresser. Mehdi établit le record de France espoirs en 1999 et remporte cette année-là une médaille de bronze aux championnats d'Europe espoirs. Quant à Bob Tahri, il participe aux championnats d'Europe à Budapest en 1998, puis aux championnats du monde à Séville l'année suivante, et emmagasine ainsi une solide expérience.

Alors qu'un jour, je décide d'aller saluer quelques copains à mon club des Cheminots de Strasbourg, on me rapporte les propos de Jean-Claude Vollmer, le directeur technique national adjoint. Il a suivi toute ma jeune carrière. C'est quelqu'un de droit et franc, alsacien comme moi. Son avis compte à mes yeux, mais j'apprends que, selon lui, je suis « perdu pour l'athlétisme ». Je ne sais pas pourquoi, ce sport n'a aucune importance pour moi, et pourtant ce jugement m'atteint dans ma fierté. Je suis vexé qu'il puisse dire que je suis un homme fini.

Quelques jours plus tard, alors que je rentre à la maison, mon père aussi m'interpelle. Posément, avec ses mots à lui, il m'explique que je suis fini pour ce sport. Il est déçu, amer que je gâche ainsi mon talent. Lui n'a cessé de lutter toute son existence, de se battre pour tout, pour nous faire vivre décemment mes frères et moi. Et puis, durant toutes ces années, il a aussi été fier de moi quand il me voyait rentrer avec une médaille, même s'il ne savait pas alors ce que cela représentait. L'athlétisme ne signifie rien pour lui ; en revanche, il comprend que j'y réussis de belles choses. Mon père est simplement heureux que je m'accomplisse, cela donne aussi un sens à sa vie, aux sacrifices passés. La génération de mes parents s'est battue, a travaillé sans relâche pour que ses enfants vivent mieux, pour que nous échappions à la misère qui nous attendait au Maroc. Et moi, en retour, qu'est-ce que je fais de tout cela ? Rien.

Après l'avoir écouté, je me rends dans la salle de bains. Je m'assois, et moi qui ne pleure jamais, je me mets à sangloter comme un enfant, touché au plus profond de moi-même par ces quelques mots de mon père.

Le lendemain, je vais m'acheter une paire de chaussures de jogging.

4.

AU NOM DU PÈRE

Les mots de mon père n'en finissent pas de résonner dans ma tête. Je suis déstabilisé. J'achète donc ces chaussures. Puis je recherche mes affaires oubliées dans un placard. Je sais au fond de moi qu'il a raison. J'ai la chance d'avoir un don pour quelque chose et je n'en fais rien. Juste parce que cela ne me plaît pas. Même si, habituellement, les gens doués pour quelque chose sont en général passionnés par cette activité. Moi, ce n'est pas mon cas, mais je ne dois pas pour autant la rejeter. Il me faut accepter ce don de la providence. Mais, surtout, je ne veux pas continuer à décevoir ainsi mon père et tous ceux qui ont cru en moi. M. Richter, M. Sutter et même Jean-Claude Vollmer. J'ai une dette morale envers eux, ils m'ont fait confiance, ils ont donné de leur temps pour moi, c'est cette fois à mon tour de prendre en main ma destinée, après m'être longtemps laissé porter par les événements et le dévouement de ces hommes.

Alors, en ce mois de mars 2000, je règle à nouveau mon réveil et, au petit matin, je pars dans la forêt reprendre le cours de mon existence de sportif. Pour retrouver l'estime de moi, mais aussi et surtout celle des autres. Chaque jour, je m'en vais à travers les chemins, les sentiers, m'entraîner seul. Durant quatre mois, je me fais violence, je repousse à chaque fois mes limites. Et lorsque j'ai trop mal, que mes cuisses me brûlent, je repense aux propos de mon père, à son regard, et je m'accroche. Je tiens le rythme, je continue à courir, chaque jour quelques kilomètres de plus. Les semaines passent, je perds peu à peu mes kilos superflus, je retrouve la cadence, les sensations. Chaque semaine, je sens la forme revenir. J'effectue des sorties plus longues, je m'astreins à du travail de côte. C'est la partie la plus difficile de l'entraînement des coureurs de demi-fond. Il s'agit de choisir un chemin ou une route relativement pentus et de les remonter à une vitesse soutenue à plusieurs reprises. En se laissant à chaque fois un minimum de temps de récupération entre ces sprints en montée. Les dernières pentes apparaissent comme des montagnes à gravir. Les muscles sont durs comme du bois, on n'a plus de souffle. C'est à ce moment qu'il faut du caractère, une volonté de fer pour ne pas interrompre la série. Ces séances de côte permettent de se constituer une condition physique et une puissance musculaire qui seront déterminantes dans les mois suivants.

Je poursuis ainsi ma remise en forme, toujours seul et à l'abri des regards. Je veux me préparer discrètement. Peut-être aussi parce que je crains de ne pouvoir aller jusqu'au bout de ce retour. Par ailleurs, je ne cède pas à mes mauvais penchants. Seule concession à cette vie d'athlète retrouvée, le football. Je continue à jouer toujours et encore. Pour le moral au moins.

Au mois de juillet 2000, je me sens finalement prêt. Je n'ai pas de repères, mais il me semble que j'ai retrouvé une condition physique acceptable. Maintenant, il faut que je me confronte à des adversaires, à des athlètes de haut niveau pour savoir où j'en suis, et si mes trois ans de dérive n'ont pas été rédhibitoires. En général, on ne revient jamais après une telle absence. Dans des sports comme l'athlétisme, la natation ou le cyclisme, chaque jour d'entraînement compte. Et chaque séance que vous manquez est perdue à jamais. Vous ne les rattrapez pas. Aussi, je suis dans l'expectative, curieux et en même temps inquiet de savoir ce que je vaux. Je regarde le calendrier et coche le meeting de Vanves, en région parisienne. C'est un bon meeting avec un excellent niveau.

Une compétition idéale pour savoir ce que j'ai dans le ventre. La veille de la course, je prépare mon sac comme avant. Je sens l'excitation monter en moi. Finalement, il y a tout de même quelque chose qui me plaît dans ce sport, peut-être justement ces moments de petites angoisses qui précèdent l'échéance. Ces heures d'incertitude où l'on échafaude des scénarios, où l'on tente de s'imaginer le jour d'après. Quand, plus tard, tout est terminé, quand les carrières sont achevées, c'est souvent ces moments-là que regrettent les sportifs à la retraite. Le soir, j'éprouve quelques difficultés à trouver le sommeil.

Au petit matin de ce 30 juin 2000, comme tant de fois auparavant, je pose à nouveau mon sac dans le coffre de l'inusable 405 de M. Sutter. Et comme aux plus beaux jours, nous reprenons la route. Tous les deux. Un long trajet jusqu'à Paris, puis Vanves, le jour même de la course. Nous mangeons dans une cafétéria. Il fait beau. Nous arrivons enfin au stade. Je suis heureux de retrouver cette ambiance de compétition. Je suis inscrit sur le 1 500 mètres. Tous les meilleurs Français sont là, à l'exception de Mehdi Baala. Beaucoup sont surpris de me voir ainsi sur un stade, d'autant qu'ils peuvent constater que je suis affûté. Les dernières fois qu'ils m'ont vu, j'étais lourd, en totale méforme.

Je m'échauffe sans stress, les quelques réflexes que j'ai emmagasinés dans mes années cadet et junior reviennent vite. J'ai simplement oublié la rude bousculade au départ d'un 1 500 mètres.

Je pars prudemment, mais, au fil des tours, je me sens de mieux en mieux, les sensations sont là, comme naguère. Viennent les derniers 200 mètres, je me décale sur l'extérieur du peloton, j'accélère progressivement puis je sprinte. Personne ne suit. Je gagne ma première course après avoir arrêté l'athlétisme pendant trois ans, en 3'40"08. Je le vois, autour de moi, c'est la stupéfaction. Chouki est bel et bien de retour.

Nous rentrons le soir même en Alsace. Je suis heureux, profondément heureux. Comme si je retrouvais à travers cette course une forme de dignité. La Peugeot 405 file dans la nuit. M. Sutter est lui aussi enchanté. Je suis content pour lui. Nous arrivons très tard à Strasbourg. Lorsque je franchis la porte de l'appartement familial, j'ai le cœur qui bat. Je sais qu'au petit matin, je pourrai à nouveau regarder mon père dans les yeux. Non, je n'aime toujours pas l'athlétisme, mais, à ce moment-là, je comprends que ce sport donne une direction à mon existence. Je le comprendrai encore plus lorsque, bien plus tard, tout s'écroulera. Mais, pour l'heure, c'est un nouveau départ pour moi. Reste à savoir si le temps perdu ne l'est pas définitivement. Est-ce que j'ai les capacités pour supporter un entraînement rigoureux ? Puis-je rattraper le retard pris sur mes adversaires ? Ceux du très haut niveau qui depuis trois ans travaillent dur et accumulent de l'expérience...

Dans les jours qui suivent, je reçois un coup de téléphone de Saïd Chebili qui me demande de faire le lièvre pour lui. Le lièvre est l'athlète qui est rétribué pour mener la course sur un rythme élevé, afin que les autres coureurs engagés puissent réaliser un très bon temps, voire un record. Placé devant le peloton, il prend le vent de face et permet ainsi aux coureurs qui le suivent de s'en protéger. Ils se fatiguent donc moins et disposent de plus d'énergie pour la fin de course.

Chebili souhaite réaliser les minima pour les jeux Olympiques qui doivent se dérouler à Sydney en 2000. J'accepte, bien entendu. Le meeting se déroule à Amiens. Dans le circuit de l'athlétisme, les bons lièvres sont rares et très demandés. Ils doivent savoir courir de manière régulière et sur les bases des temps demandés par le leader de la course. Il n'y a pas de grands records, en demi-fond et fond, sans lièvre. Pour battre un record du monde par exemple, il faut faire appel à de grands coureurs pour jouer le rôle du lièvre. Par exemple, pour établir un record du monde sur 1 500 mètres, le lièvre doit être en mesure de mener la course jusqu'aux 1 000 mètres en un temps de 2'18", ce qui n'est pas donné à tout le monde.

Je me présente donc à ce meeting d'Amiens afin de me mettre au service de mon copain Chebili.

Nous sommes deux lièvres sur cette course. Le premier a la charge de mener le premier tour, et je dois le relayer pour emmener Saïd jusqu'aux 1 100 m. Ce que je fais, prenant la tête comme convenu après l'arrêt du premier lièvre. Je maintiens le train, mais je ne fatigue toujours pas, bien que menant l'allure. Je prends le vent de face pour les autres, mais cela ne m'épuise pas. J'ai de telles sensations que je ne cède pas un pouce. À 400 mètres de la ligne, je m'écarte naturellement pour laisser passer Saïd. Mais comme je suis toujours alerte, je me replace derrière lui. Et je le suis tranquillement. C'est alors que je constate qu'il a de plus en plus de mal à maintenir la cadence, ses foulées se font moins régulières, il force sur ses appuis. Je le double et l'invite à me suivre et à s'accrocher. Peine perdue, Saïd n'arrive pas à rester dans mon sillage et je gagne la course en 3'36". Il ne m'en a pas tenu rigueur, et aujourd'hui, on en rit. Mais à l'époque, cela signifie réellement que j'ai retrouvé un très bon niveau. D'ailleurs, José Marajo, entraîneur national et deux fois finaliste aux Jeux de Moscou en 1980, sur 800 et 1 500 mètres, homme d'une grande intégrité et d'une immense rigueur, vient me voir à l'issue de la course. « Fouad, me dit-il, je crois à nouveau en toi. »

Je suis désormais senior, je n'ai donc pas couru durant les années espoir. Les années où l'on accomplit un travail capital, de développement musculaire, de capacités de résistance... Mais c'est ainsi. Je retourne à l'entraînement, rassuré et désireux d'aller plus loin.

J'enchaîne sur les championnats de France qui se disputent cette année-là, en 2000, à Nice. Comme il y a longtemps que je n'ai pas couru, j'ai perdu les automatismes de la course, notamment tout l'aspect tactique, la gestion du train, des adversaires. C'est ainsi que je cours ma demi-finale en 3'37", ce qui est bien trop rapide. J'y laisse forcément de l'énergie qui va me manquer le lendemain pour la finale. Et effectivement, ce jour-là, je ne dispose pas de la fraîcheur physique nécessaire, notamment pour sprinter dans la dernière ligne, et je termine à la 2e place, derrière Driss Maazouzi. Dommage. Néanmoins, je suis redevenu un athlète. Je vais désormais recourir, enfin accomplir mon destin. Du moins, c'est ce que j'espère, car cela ne va pas exactement se passer ainsi.

5.

LA RUDE VIE DU COUREUR DE FOND

Aux championnats de France à Nice, je rencontre Hassan El-Idrissi, l'entraîneur de Rachid Chekhemani, un copain. J'ai conscience que, maintenant que j'ai retrouvé le haut niveau, il faut que je franchisse définitivement le pas en intégrant un groupe d'entraînement. Car on ne peut s'entraîner seul en demi-fond. Il faut avoir une stimulation comme seul l'effet de groupe la produit. Avoir des partenaires lors des séances permet de se dépasser en se motivant mutuellement. C'est notamment la grande force des Kenyans. Ils sont toujours très nombreux dans leur camp d'entraînement à se « confronter » les uns aux autres durant des séances qui sont de véritables compétitions. Ce sont les meilleurs qui s'en sortent, ceux qui arrivent à tenir ce rythme fou. Quand ils viennent courir en Occident, ce sont les plus forts, les seuls capables de résister à n'importe quel type de course, à n'importe quel rythme.

Je ne peux donc rester seul à Strasbourg à m'entraîner dans mon coin, même avec tout le dévouement de Bernard Sutter. Jean-Michel Dirringer, l'entraîneur de Mehdi Baala, m'avait sollicité lorsque j'étais bien plus jeune pour que je le rejoigne. Il m'avait invité un jour dans une brasserie à côté de chez moi, le Porto Fino.

« Viens t'entraîner avec moi, m'avait-il dit.

— Mais je ne peux pas, lui avais-je répondu, je m'entraîne avec Bernard (Sutter) et puis tu as Mehdi.

— Je pense que tu as plus de talent que Mehdi, et que tu as un grand avenir dans ce sport. »

Le temps a passé et je ne veux toujours pas aller m'entraîner avec lui. Finalement, je décide de rejoindre les frères Chekhemani qui sont alors entraînés par Hassan El-Idrissi. Leur groupe se trouve à Rouen, plus exactement à Sotteville-lès-Rouen. C'est une bonne occasion de m'éloigner de chez moi et des tentations inhérentes, et comme je résiste toujours difficilement...

Ce départ va aussi me couper d'un certain nombre de liens que j'ai à Strasbourg. Par exemple, cela va m'éloigner de Mehdi Baala. Avec Mehdi, nous nous entraînons ensemble une fois par semaine et il arrive que, de temps à autre, nous allions prendre un café dans Strasbourg pour y discuter librement. Nous ne sommes pas de grands amis, mais nous sommes des copains. Ma décision de partir à Rouen va contribuer à rompre ce lien qui existe entre nous. Plus encore, c'est la tension qui règne entre nos deux entraîneurs qui va finir de nous séparer. Jean-Michel Dirringer et Hassan El-Idrissi se détestent et Mehdi comme moi pâtissons de ce climat. Entre nous, le respect est là. Je n'ai rien contre lui, pas d'animosité, en fait, c'est surtout notre encadrement technique qui nous a fait prendre nos distances. C'est dommage parce que l'on a partagé beaucoup de choses, une partie de notre jeunesse.

Je rejoins donc ce groupe en septembre 2000. Je suis logé au Novotel, qui a un accord avec le club. Débute alors, au moins dans les premiers temps, une vraie vie d'athlète de haut niveau. Enfin presque.

Car c'est dur la vie d'un athlète ; un sacerdoce. Le matin, je pars directement de l'hôtel en footing jusqu'au stade ou bien en forêt, suivant la nature de la séance d'entraînement. L'hiver, on commence par des footings assez longs. On démarre sur une allure plutôt lente, une moyenne de 11 km/h, en finissant aux alentours de 15 km/h (soit 4 minutes par kilomètre ou 2 h 48 pour un marathon). On part pour une heure, voire une heure dix. Quelle que soit la séance, il faut l'aborder comme une compétition c'est-à-dire concentré sur l'objectif du jour. Les gens se demandent souvent à quoi on pense durant ses longs footings. Mais en fait, on ne pense à rien d'autre qu'à ce que l'on est en train de faire. On se focalise sur les foulées, les endroits où placer les pieds pour ne pas se tordre la cheville, on anticipe les appuis, on regarde le profil du chemin, les virages, les côtes... Car si l'on commence à se laisser envahir par des pensées parasites, on perd peu à peu le rythme et puis, surtout, on risque de se blesser en posant le pied dans un trou ou sur une racine. Ou alors, on peut glisser.

Après cette longue sortie matinale, je rentre déjeuner à l'hôtel. De la salade, des légumes, du poisson. Surtout pas de gras, pas de sucre ni de viande rouge.

Après quoi, il est vivement recommandé de faire une sieste. La récupération est un moment fondamental de la préparation d'un athlète. La différence entre de très bons athlètes peut se faire sur la capacité à savoir bien récupérer d'une séance d'entraînement. Il faut en effet que le corps recouvre complètement son potentiel athlétique afin de pouvoir absorber la séance suivante. Si on est fatigué d'un premier entraînement, on ne peut ensuite en assurer un autre convenablement. Et ainsi, tous les entraînements moins bien réalisés, mis bout à bout sur une saison, constituent à terme un handicap rédhibitoire. Aussi, il convient de savoir se ménager des plages de repos. L'apparition des consoles de jeux a contribué à perturber ces phases de récupération chez un certain nombre d'athlètes qui jouent à la PlayStation au lieu de faire la sieste.

Après cette sieste, je réalise une séance au stade l'après-midi. Je travaille alors mon endurance. Hassan El-Idrissi a récupéré la méthode d'entraînement du grand champion marocain, champion olympique en 1984 du 5 000 mètres, champion du monde de cette distance en 1987 et recordman du monde du 1 500 et du 5 000 mètres, Saïd Aouita. Il a reproduit pour moi les mêmes contenus de séances que celui qui demeure l'un des plus grands coureurs de l'histoire. L'idée consiste à effectuer le travail d'un coureur de 5 000 mètres, avec notamment beaucoup de séances de longues distances. Par exemple, 15 × 400 mètres avec une minute ou 50''de récupération entre chaque tour de piste. Ou bien 10 × 600 mètres ou encore 6 × 1 000 mètres. Je cours ces 1 000 mètres en 2'38" avec 1'45" de récupération. En forêt, je fais ces 1 000 mètres en 2'50". Ou alors c'est 20 × 1 minute ou 15 × 2 minutes, voire 8 × 3 minutes. Il s'agit de travailler la « caisse », les capacités d'endurance.

L'hiver, on effectue aussi un travail de musculation, des demi-squats, du travail en fente. On muscle les ischio-jambiers, les quadriceps, les fessiers. Pour cela, on se sert des fameuses séances en côte. C'est un exercice dans lequel je suis plutôt efficace. Durant ces longs mois dans le froid, on effectue en moyenne 120 kilomètres par semaine.

Lorsque arrive le printemps, on réduit le kilométrage. Les footings sont moins longs, 40 minutes au lieu d'une heure. En revanche, on court un peu plus vite, sur un rythme plus élevé. D'une manière générale, l'essentiel du travail foncier s'effectue l'hiver. On y développe les qualités d'endurance, celles qui permettent d'assurer la première partie de la course sur une cadence importante, sans pour autant puiser dans les réserves de l'organisme. Habitué tout l'hiver à faire un gros travail et à parcourir de longues distances, le corps peut ensuite encaisser sans souffrir des courses réalisées sur des distances beaucoup plus courtes. De la même façon, ce travail foncier permet, lors des grands championnats, de pouvoir disputer plusieurs courses à la suite sans être émoussé. En effet, durant un championnat d'Europe ou un championnat du monde, les meilleurs coureurs disputent une série, puis une demi-finale, puis la finale. Pour disposer de toutes leurs chances, s'ils veulent monter sur le podium, il faut que les séries et la demi-finale ne les aient pas trop fatigués afin d'aborder la finale avec un maximum de fraîcheur. Et ça, c'est tout le travail hivernal qui le permet.

Après ce lourd labeur arrive la période, à l'entrée du printemps, où l'on commence à alléger le volume des séances. En ce qui me concerne, ce n'est que très tardivement dans la saison que j'aborde la préparation spécifique au 1 500 mètres, les exercices qui sont destinés et composés uniquement pour être performant sur cette distance très singulière. Le 800 mètres est couru par des athlètes qui sont performants en sprint long. Ce sont des coureurs en général très rapides, qui ont de fortes capacités de résistance mais qui ne sont pas forcément très endurants. Les coureurs de 5 000 mètres sont en revanche des athlètes essentiellement endurants. Le coureur du 1 500 mètres est celui qui doit disposer de toutes ces capacités. Il doit être rapide afin de pouvoir répondre à une course tactique et disputer un sprint sur une allure très vive. Mais il doit aussi être très endurant afin de pouvoir tenir un rythme élevé de course sur trois tours et demi. Il doit au fond rassembler les qualités un peu antinomiques de la course à pied, la vitesse et l'endurance.

Aussi, un mois avant les premières compétitions, je réalise des séances du type 12 × 300 mètres en 40" avec 1 minute 30 de récupération. Ou bien 8 × 400 mètres en 57" avec 2 minutes de récupération entre les courses. Plus on se rapproche de la compétition, plus les séances de 1 500 mètres ressemblent à ce que je vais retrouver en course :

1 000 mètres en 2'20", 5 minutes de récupération, puis un 500 mètres en 1'06", 4 minutes de récupération, puis 300 mètres en 36". Enfin, on termine par des séances qu'effectuent les coureurs de 800 mètres afin de travailler la vitesse de course.

Il s'agit d'un 500 mètres en 1'01" ; 400 mètres en 47"8 ; 300 mètres en 36" ; 200 mètres en 24" avec 6 minutes de récupération à chaque fois.

Ce sont des moments extrêmement difficiles. Nous sortons de ces séances complètement épuisés. Il faut durant tout ce temps lutter contre la souffrance pour accomplir la distance dans le temps imparti. En compétition, c'est plus facile car il y a les adversaires, le public, un objectif immédiat, la ligne d'arrivée. Et puis, ça dure trois minutes et encore, la souffrance, pas plus d'une minute. Tandis qu'à l'entraînement, la souffrance est là du début à la fin. Il n'y a personne d'autre que vous, l'entraîneur et le chronomètre dans un stade vide où un vent glacial balaie la piste. C'est pourquoi les premières qualités d'un coureur sont avant tout mentales. Elles lui permettent de tenir et de se faire violence pour aller au bout de cette torture. Et c'est dans ces moments-là que l'on construit les futures victoires. Et si la compétition est encore loin, elle existe dans mon quotidien car je ne cesse d'y penser. Elle alimente la motivation de chaque jour. Lorsque l'acide lactique monte dans mes jambes, je m'imagine les stades des futures compétitions, j'entends presque la foule. Je pense à mes adversaires. Je sais qu'ils sont comme moi à ce moment-là, qu'ils souffrent comme moi. Cela m'aide à tenir pendant ces séances infernales. Ce printemps-là, en 2001, je m'entraîne en pensant aux grandes courses auxquelles je vais prendre part durant l'été. Je vais en effet faire mes grands débuts en Golden League. Cette compétition qui regroupe les plus grands meetings d'athlétisme, c'est-à-dire ceux de Paris, Rome, Berlin, Bruxelles, Monaco... Ne sont invités dans ces grandes compétitions que les meilleurs athlètes du monde. Elles se déroulent sur une seule soirée et sont retransmises par les grandes chaînes de télévision européennes. En France, c'est Canal Plus qui détient les droits de diffusion de cette compétition. C'est-à-dire que ma famille, mes amis vont me voir courir pour la première fois. Par ailleurs, ces meetings sont particulièrement rémunérateurs pour les athlètes. Ce sont nos managers (les représentants des athlètes dont ils gèrent les intérêts) qui nous permettent d'intégrer ces prestigieuses réunions. En fait, ils font du lobbying auprès des organisateurs afin que leurs coureurs intègrent la compétition. Ils font valoir les temps qu'ils ont réalisés dans la saison, vantent l'excellente forme de leurs poulains. Plus ils placent leurs coureurs, et plus ils gagnent de l'argent, car ils touchent un pourcentage, autour de 10 à 15 %, sur les primes de chacun d'eux. Pour certains de leurs athlètes, les plus forts, leur tâche est aisée. Le rapport de force est même inversé. Ce sont les organisateurs qui demandent aux managers que leurs athlètes les plus réputés viennent courir ou sauter dans leur réunion. En général, disposer de grands athlètes permet de faire pression sur l'organisateur pour qu'il prenne aussi d'autres athlètes moins prestigieux de son écurie. Je sais que les directeurs de réunion qui souhaitaient s'attirer les services de Maurice Greene devaient prendre avec lui tous les coureurs du HSI, c'est-à-dire ses collègues d'entraînement à Los Angeles.

L'attitude des managers à notre égard peut changer du jour au lendemain. En général, cela survient juste après notre première grosse performance. Là, ils sont aux petits soins et commencent à nous proposer des tas de choses. Comme, par exemple, un bon médecin. Il y a des exceptions, mais globalement les managers ne sont pas très regardants sur le dopage. Certains participent, d'autres ignorent tout et beaucoup ferment les yeux. Car plus leurs athlètes sont dopés et obtiennent de résultats, et plus ils leur rapportent de l'argent. Moi, mon premier manager est Alain Blondel, ex-champion d'Europe de décathlon. Quand je rejoins le groupe d'entraînement d'Hassan El-Idrissi, ce dernier ne souhaite pas que je continue à travailler avec Blondel, car il n'arrive pas à le contrôler. Il est vrai que

Blondel ne se laisse pas faire. Ensuite, j'ai rejoint l'équipe de Laurent Boquillet et René Auguin, avec qui j'ai eu de très bons rapports. C'était une époque où l'athlétisme était une activité florissante, où il y avait beaucoup de stars. Ce n'est plus le cas. Aujourd'hui, il y a une grande vedette (Usain Bolt) et, forcément, tous les directeurs de meeting d'athlétisme veulent l'avoir dans leur compétition. Or Bolt ne peut faire qu'un nombre limité de courses dans la saison. L'argent est bien entendu le premier critère de choix pour l'athlète réputé, mais pas seulement. La qualité de l'accueil, de l'organisation, mais aussi le prestige de la réunion, son histoire. Il y a aussi des liens affectifs entre organisateurs et coureurs. Ces derniers se souviennent de ceux qui leur ont donné leur chance quand ils n'étaient pas connus. L'efficacité de la piste peut aussi être un élément important. En effet, il y a des pistes plus rapides que d'autres où il est donc plus facile de réaliser de bonnes performances. Zurich, Lausanne sont des pistes réputées pour les sprinters. En revanche, si une piste est rapide, cela signifie qu'elle est dure. En effet, les sprinters ont besoin que le sol soit le plus rigide possible afin qu'il leur renvoie très vite la force qu'ils exercent avec leurs pieds. Pour nous, les coureurs de fond et de demi-fond, c'est tout le contraire. Plus la piste est dure et plus elle est traumatisante. En effet, si les coureurs de 100 mètres effectuent quarante-deux ou quarante-trois foulées pour parcourir leur distance, nous, il nous en faudra des centaines, voire des milliers pour rallier l'arrivée. Il faut donc un sol qui amortisse nos foulées. Lors des jeux Olympiques d'Atlanta, en 1996, les organisateurs américains avaient fabriqué une piste extrêmement rigide puisque les États-Unis sont avant tout une nation de sprinters. Mais ces jeux Olympiques s'étaient avérés un calvaire pour les coureurs de fond. L'Éthiopien Hailé Gebresselassié, champion olympique du 10 000 mètres, avait terminé les Jeux les pieds en sang. Pour pallier cela, aujourd'hui, de nombreux stades ont certes une piste dure pour le sprint, mais, en revanche, le couloir qui est à la corde, le couloir numéro un, est composé d'un matériau plus souple. Toutefois, globalement, la priorité est donnée au sprint, plus spectaculaire pour les organisateurs. Nous avons nous aussi des meetings où les courses de fond sont privilégiées, même s'ils sont en nombre beaucoup plus restreint que ceux principalement dédiés aux sprinters. Il s'agit essentiellement des compétitions qui se disputent dans les pays nordiques, comme Oslo ou Stockholm. Le petit stade du Bislett a connu plus de soixante-deux records du monde, dont quarante-quatre dans les disciplines de demi-fond et fond.

Moi, mon baptême du feu dans ces grandes compétitions aura lieu à Monaco, dans le stade Louis-II.

6.

PREMIÈRES FOULÉES DANS LE GRAND MONDE

Le meeting de Monaco est l'un des plus prestigieux et surtout l'un des plus prisés par les athlètes. Nous y sommes reçus comme des rois et des reines. Le temps d'un week-end, on profite d'une vie de VIP.

Nous sommes logés à l'hôtel Loews, désormais appelé Grand Hôtel. Un palace sur les hauteurs de Monaco, où passe le Grand Prix de Formule 1 dans un virage qui porte le nom de l'hôtel. Un immense tapis rouge est déroulé à l'entrée. On nous prend nos bagages que l'on emporte dans des chambres immenses. Je découvre le grand monde aux côtés du gratin de l'athlétisme mondial. Dans la salle du petit déjeuner, je me retrouve assis à côté de Marion Jones, Maurice Greene, Linford Christie. Il y a là aussi les frêles coureurs kenyans et éthiopiens qui croisent les colossaux lanceurs de marteau biélorusses. C'est un drôle de monde, un meeting d'athlétisme, une sorte de grand cirque ambulant où toutes les morphologies, les cultures, les langues, les religions sont rassemblées l'espace d'une soirée afin de se confronter. L'athlétisme est sans conteste le sport le plus universel qui soit, celui où il règne le plus de concurrence ; toutes les nations, toutes les morphologies peuvent se retrouver lors d'une compétition. Cela peut paraître étrange de rassembler des personnalités aussi différentes que les sprinters, les lanceurs ou les demi-fondeurs, mais j'ai le souvenir d'une très bonne ambiance lors des stages fédéraux que nous effectuions ensemble. Il n'y avait pas de clans entre les disciplines. Il y avait même des mélanges. Les sprinteuses par exemple ont toujours eu un petit faible pour les coureurs de demi-fond. Je ne sais pas pourquoi. Nous, nous évitions juste les lanceuses, un peu trop baraquées pour nos minces silhouettes.

Je subis un grand stress tout au long de cette journée du 20 juillet 2001. C'est ma première sortie dans un tel rendez-vous. Le meeting est retransmis à la télévision, je sais que, chez moi, on va me regarder. Je ressens beaucoup de tension, le poids des responsabilités aussi, car je ne veux pas décevoir les gens qui croient en moi. Enfin, je suis conscient qu'il est capital de réussir une bonne course pour m'inscrire dans cet univers, auprès de mes adversaires bien sûr, mais aussi des organisateurs de meeting. Durant l'échauffement, j'ai le cœur qui bat la chamade, je ne suis plus spectateur de ce monde du haut niveau, à cet instant j'en deviens l'un des acteurs.

Puis vient le passage dans la chambre d'appel. C'est un moment particulier dans une compétition d'athlétisme. Certainement le plus dur à vivre. Ce n'est pas durant cette séquence que l'on gagne la course, mais c'est certainement là qu'on peut la perdre. Les coureurs sont rassemblés dans une petite pièce où ils attendent, assis les uns en face des autres, l'instant où l'on va les appeler pour rejoindre la piste. En demi-fond, il n'y a pas ou rarement d'intimidation entre les athlètes. Contrairement aux sprinters qui souvent se dévisagent et essaient de prendre l'ascendant psychologique sur l'adversaire. Pas de ça en demi-fond, on tente plutôt de rentrer en soi-même, de demeurer concentré. Et même s'il y a des inimitiés entre nous, chacun sait les difficultés, toutes les souffrances accumulées, les longues heures à courir dans le froid de l'hiver pour se retrouver à cet instant, dans cette pièce, parmi les meilleurs coureurs du monde. Mais la tension qui règne peut faire perdre à certains leur concentration et le fil de la compétition. Quand enfin nous pénétrons dans le stade, il ne faut pas non plus se laisser perturber par le décor, la clameur de la foule, la lumière, l'ambiance. On essaie de ne pas se refroidir, on s'astreint à quelques accélérations afin d'élever le rythme cardiaque.

Puis nous sommes placés sous l'autorité du starter. Au coup de feu s'ensuit une vraie bagarre où chacun joue des coudes pour se faire sa place. J'adopte une tactique de sprinter pour me situer tout de suite aux avant-postes du peloton et éviter la cohue. Ensuite, il faut retrouver le rythme de la course, et suivre sa stratégie. En général, je choisis un coureur et je le suis. Si je me rends compte qu'il flanche, alors je le double et j'en prends un autre, je fonctionne ainsi.

Lorsque retentit la cloche, cela sonne pour moi comme une délivrance. Il ne reste plus que 400 mètres à souffrir et après, c'en sera terminé. Il suffit alors de tout donner. Lors de ce premier grand meeting à Monaco, sur ce dernier tour, je mets mon cœur sur la piste. Je m'accroche aux branches, attrape le moindre souffle d'air, j'ai l'impression que mon cœur va sortir de ma cage thoracique, mes cuisses sont dures comme du silex. C'est à peine si je suis conscient lorsque je rallie l'arrivée. Je termine avec un temps de 3'33"89 à la 9e place. Ce qui fait de moi le 3e meilleur *miler* français. Un temps qui pourrait me qualifier pour les championnats du monde qui doivent se dérouler au mois d'août à Edmonton, au Canada. Mais la direction technique nationale a déjà arrêté sa sélection et choisi les trois coureurs (Baala, Chebili et Maazouzi) qui doivent représenter l'équipe de France sur 1 500 mètres durant ces championnats. En fait, j'ai réalisé ce temps au-delà de la période pendant laquelle les performances sont prises en compte pour composer l'équipe de France. Dommage, mais c'est la règle.

La ligne franchie, je suis totalement asphyxié, incapable de faire un pas, je suis « dévoré » par l'acide lactique, bref, tétanisé. Une statue de pierre. Pendant ce temps, je vois d'autres coureurs qui eux vont très bien. Ils se montrent à peine essoufflés. Semblent avoir déjà récupéré. Sur le moment, cela ne me choque pas, cela m'impressionne plutôt. Le vainqueur, Hicham El Guerrouj, vient saluer les autres coureurs.

De même qu'il n'y a pas de fanfaronnades avant la course, il n'y en a guère après. Rien à voir avec les sprinters qui eux sont plus fantasques. Car il est évident qu'ils ne connaissent pas les mêmes souffrances que nous à l'entraînement. Ces athlètes nous font plutôt rire par leur côté exhibitionniste et cette façon dont ils cultivent leur physique. Ils font un show qui fonctionne du reste puisqu'ils sont les athlètes les mieux rémunérés du circuit. Les grands coureurs de 1 500 mètres sont aussi extrêmement bien payés. En revanche, le dernier d'une finale de demi-fond est un smicard tandis que le dernier d'une finale de sprint gagne quand même beaucoup d'argent. C'est la prime à l'arrogance. Prenez un athlète comme Ronald Pognon – le premier Français à être descendu sous les 10 secondes sur 100 mètres –, il se la raconte ; une fille comme Christine Arron est hautaine. Pas Marie-Jo Pérec, que j'ai toujours beaucoup appréciée. Triple championne olympique, championne du monde, elle a beaucoup apporté à l'athlétisme français. Et elle a su rester simple. Comme les perchistes, toujours sympathiques. De même que j'ai beaucoup de respect pour les marcheurs. C'est une discipline étrange mais extrêmement difficile. J'ai participé une fois à un 5 kilomètres, et j'ai beaucoup souffert. Je n'imagine même pas un 50 kilomètres...

J'achève ma saison à Tunis aux Jeux méditerranéens. Je n'ai aucun souvenir de ma course, parce que, ce jour-là, je me moque complètement de ma compétition, de la finale que je dois disputer en soirée. Je crois que c'est la seule fois où j'ai couru sans penser à ce que je faisais, sans vraiment désirer la victoire, je me rappelle juste que je finis 3e. Ce jour-là, je me souviens que nous sommes le 11 septembre 2001...

Je reprends la saison à Caen où se trouve mon entraîneur Hassan El-Idrissi. Je suis redevenu assez sérieux. Car la saison précédente, lorsque je logeais à l'hôtel, après avoir été consciencieux sur le début de saison, j'ai fini par me disperser, par être rattrapé par mes vieux démons. J'avais des copines qui venaient, je sortais le soir, j'allais souvent jouer au billard jusqu'à deux heures du matin. Il n'y a que lorsque je suis en stage que je parviens à me dédier complètement à l'entraînement. Hassan le sait bien et essaie de m'en trouver souvent. Or, à Caen, je suis un peu comme dans un long stage. Je partage un appartement avec un autre athlète, je ne connais personne en ville, je consacre donc mes journées à la seule course à pied, et le soir, je reste paisiblement à la maison pour récupérer de mes efforts.

Grâce à cette ascèse, je réalise une bonne saison hivernale en courant deux fois en 3'36''dans des meetings en salle en février, à Liévin et à Stuttgart. Par ailleurs, je termine 2e des championnats de France de cross à Gujan-Mestras au mois de mars 2002. Quand arrive le printemps, je poursuis dans cette voie. Je demeure sérieux et extrêmement concentré avec un objectif en tête : les championnats d'Europe qui se dérouleront cet été à Munich. Cette compétition a lieu tous les quatre ans. Elle doit constituer mon premier grand championnat international senior. Ce qui au départ est forcément un handicap. En effet, les courses dans ces championnats s'avèrent complètement différentes de celles des grands meetings internationaux. Sur ces dernières, on recherche à réaliser le meilleur temps possible. Il y a des lièvres qui mènent le train, il suffit de se mettre dans leur sillage et de suivre le rythme le plus loin possible. Ce sont davantage des courses contre soi-même, contre sa capacité à résister à la douleur. Les courses des grands championnats relèvent d'une tout autre philosophie. Il ne s'agit que d'une seule chose : gagner. Et ce, peu importe le temps réalisé. L'adversaire n'est plus le chronomètre, mais les autres coureurs. Et forcément, ces derniers vont développer des stratégies pour contrer vos plans. Ces courses sont d'abord et avant tout des courses tactiques. Chacun, avant le départ, définit avec son entraîneur une stratégie à adopter en fonction de sa forme, mais également en fonction des qualités et des défauts des adversaires présents. Si, par exemple, celui que vous considérez comme le plus dangereux est quelqu'un de plutôt rapide au sprint, vous avez intérêt à rapidement durcir la course, c'est-à-dire à lui imprimer un rythme élevé dès le départ afin de l'épuiser pour qu'il ne soit pas en mesure de disputer le sprint final. Dans ce but, vous pouvez passer des alliances – tacites ou pas – avec d'autres coureurs qui ont les mêmes intérêts que vous. Cette dimension tactique est encore plus présente dans le 1 500 mètres que dans les autres courses de fond et demi-fond. C'est du reste ce qui donne sa noblesse à cette distance. C'est une épreuve où, en dehors des capacités physiques, il convient aussi de faire état d'une vraie forme d'intelligence. On l'appelle intelligence de course, mais nombre de grands coureurs de 1 500 mètres l'ont exercée au-delà de la piste. Kipchoge Keino, champion olympique de la distance à Mexico, en 1968, est membre du CIO, président du Comité olympique kenyan. Sebastian Coe est député au Parlement britannique, il fut l'un des membres du *shadow cabinet* du parti conservateur et préside aujourd'hui le Comité d'organisation des jeux Olympiques de Londres en 2012. On pourrait citer également Steve Cram, Herbert Elliott...

À l'approche de cet été 2002, comme j'ai manqué les grands championnats des années précédentes, je n'ai aucune expérience de ces grandes courses tactiques. Les années espoir durant lesquelles on s'aguerrit justement à ce genre de pratique vont me manquer cruellement.

J'ai passé les séries et les demi-finales sans écueil. Malheureusement, je vais très mal courir la finale. Je subis toute la course. Quand le peloton accélère, je ne colle pas immédiatement aux premiers comme il convient de le faire. J'accélère toujours avec un temps de retard. Or, pour compenser ces petits dixièmes perdus, cela coûte beaucoup d'énergie. Et vers la fin de la course, je me trouve complètement enfermé à la corde. Si bien que je suis obligé de m'arrêter, de m'extraire du peloton, de le contourner pour enfin amorcer mon sprint. J'ai, dans cette manœuvre, bien évidemment perdu des forces et du temps que je vais payer dans les ultimes mètres. À la lutte avec Mehdi Baala, l'Espagnol Estévez et le Portugais Rui Silva, nous terminons tous ensemble sur la ligne. C'est la photo-finish qui départage notamment Estévez et Baala. C'est finalement Mehdi qui l'emporte. Je prends la plus mauvaise place, la quatrième, celle qui n'offre aucune médaille. Aujourd'hui encore, je m'en veux d'avoir si mal couru. Parce que franchement, en vitesse pure, je pense être le plus rapide des quatre. À l'entraînement, j'avais été chronométré en 10"48 sur 100 mètres lancé. Mais voilà, le 1 500 mètres est une course qui se court autant avec les jambes qu'avec la tête. Tant pis pour moi. Une dure leçon, mais je suis tout de même en train de rattraper le retard accumulé durant les années où je n'ai pas couru. D'ailleurs, à l'issue de ces championnats d'Europe, Jean-Claude Vollmer, celui-là même dont la remarque m'a tant touché et qui a participé indirectement à mon retour à la compétition, vient me voir. Il me félicite et m'avoue qu'il n'a jamais cru à mon retour. Quant à moi, plus que jamais, je compte sur ma bonne étoile.

La saison suivante doit consacrer définitivement mon retour parmi les meilleurs Français et Européens. En effet, durant l'été 2003, sont programmés les championnats du monde, à Paris. Un rendez-vous unique pour tous les athlètes français, une belle occasion de briller devant les siens.

Mon entraîneur, mes formateurs et moi-même attendons donc beaucoup de cette saison à venir...

Pour ce mois d'octobre 2002, le groupe d'entraînement rejoint Sotteville-lès-Rouen. De retour de Caen, je ne vais pas retourner à l'hôtel, mais dans un appartement que je partage avec Mounir Yemmouni, jeune espoir du 1 500 mètres.

Malheureusement, durant cet hiver 2002-2003, mes vieux démons me rattrapent. Comme je commence à connaître du monde sur Rouen, je suis à nouveau sollicité pour sortir et vivre la vie de tous les jeunes de mon âge. Je ne trouve pas la force de résister. Alors je vais sortir, beaucoup. Là, encore, je vais manquer de cette force de caractère qui construit les vrais champions. Il ne suffit pas d'être doué pour être un grand sportif, il faut aussi avoir en soi une volonté de fer, une petite voix intérieure qui toujours vous ramène sur le droit chemin. Je n'ai rien de tout cela, j'ai le physique, le mental de sportif, celui auquel on fait appel pour gagner les courses, celui qui vous permet de dépasser l'autre, même si vous n'avez plus d'énergie. Mais le mental du champion, l'âme du champion, je ne les ai jamais eus. Sinon, ces soirs-là, je resterais dans ma chambre en pensant aux courses à venir. Au lieu de cela, au lieu de me bâtir une carrière, je pars courir les rues. Je choisis la facilité plutôt que l'adversité. Je me lâche, au lieu de me reposer des séances d'entraînement, je vais en ville, rejoins des amis. Je mène une vie de patachon. Je vais même franchir la limite et me lancer dans une combine pas très reluisante, mais qui n'est pas non plus le « casse du siècle ».

Je mets au point une arnaque qui va s'avérer assez efficace, et que j'envisage plus comme un jeu, un défi, que comme un moyen de gagner de l'argent. L'idée est pourtant simple, mais, paraît-il, selon les policiers, nul n'y a encore pensé. J'arrive dans un bar qui vend des tickets de Loto. Je remplis un certain nombre de grilles de Loto Sportif. Une quinzaine environ, toutes avec des petits montants, à l'exception d'une grille validée avec le tarif maximum, autour de 600, 700 euros. Cette dernière grille permet au joueur de cocher plusieurs options par match parmi la victoire, le match nul ou la défaite (ce qu'on appelle communément un « double », soit deux choix possibles pour un match, ou un « triple », soit tous les choix possibles, la rencontre est alors forcément gagnante). On joue sur treize matchs en étant évidemment limité en nombre de « triples » et de « doubles ».

Si on connaît bien le foot, on a pas mal de chances de gagner avec de telles grilles. Au moment de faire valider toutes ces grilles chez le buraliste, je repère où se trouve la grille « chère ». Je tends alors une carte bleue dont je sais qu'elle ne fonctionne pas. Le buraliste la passe dans sa machine et bien entendu cela ne marche pas. Je lui propose alors d'aller retirer l'argent au distributeur tout en laissant la vingtaine de tickets sur place, il est donc rassuré, pas vraiment méfiant. Ce qu'il ne sait pas, c'est que pendant qu'il a essayé de faire fonctionner ma carte bleue, j'ai subtilisé le fameux ticket à 700 euros. Et tandis qu'il croit encore que je suis allé retirer de l'argent, je disparais et ne reviens jamais. J'ai fait cela dans un grand nombre de bureaux de tabac-Loto, et comme je suis un spectateur assidu du championnat de France de football, je gagne de coquettes sommes à diverses reprises. En même temps, je dois reconnaître que je suis un vrai pieds nickelés car la carte bleue est... à mon nom. Les policiers ne tardent pas à mettre la main sur moi.

Lorsque je me retrouve au commissariat pour être interrogé, ils insistent pour que je leur dise pour quel réseau je travaille. Ils sont persuadés que c'est une organisation mafieuse qui a mis cette combine au point. Je leur assure que c'est moi seul et personne d'autre qui a mis en place cette arnaque. Ils refusent de croire à ma version...

Alors, certes, cette histoire n'est pas très brillante, mais elle témoigne bien de la situation de dérive dans laquelle je me trouve à cette période.

Et forcément, lorsque l'on rentre à point d'heure,

on n'est pas en forme pour accomplir de longs footings en forêt. Alors, je pars dans les sous-bois, mais dès que je ne suis plus en contact visuel avec les autres ou mon entraîneur, je me cache. Je coupe, prends des raccourcis. Je m'engueule avec mon entraîneur qui fulmine contre mon manque de sérieux. Même si j'ai beaucoup de respect pour lui, pour ses compétences, nos relations sont tendues, j'imagine qu'elles s'apparentent à celles qu'ont entretenues Laure Manaudou et Philippe Lucas. Hassan El-Idrissi est un peu comme lui, très strict, les biceps en moins ; il fait les choses à fond.

Je suis donc à deux doigts de tout arrêter à nouveau et de rentrer à Strasbourg. Arrivent les championnats de France de cross, je suis complètement à l'agonie. Ils sont organisés à Salon-de-Provence. Je prends une très modeste 7e place. J'ai la tête à l'envers. Je ne sais plus où j'en suis, ce que je veux faire. Je décide de marquer une pause pendant deux semaines. Pour tenter de faire le point, de voir si je me sens vraiment apte à poursuivre la course à pied. Je ne peux pas continuer comme ça, à me cacher, à faire semblant de m'entraîner. Car, lorsque viendront les échéances, tous ces errements vont se voir au grand jour. C'est comme ça et c'est la grandeur du sport et de l'athlétisme, comme du reste dans tous ces sports d'endurance tels que la natation ou le vélo : si vous ne travaillez pas comme un dingue l'hiver, vous ne pouvez réussir l'été.

Nous sommes en mars, il n'est pas encore trop tard, mais, si je veux réellement préparer les championnats du monde à Paris, je dois m'y mettre maintenant et arrêter les dérives. Je réfléchis longuement. Tout de même, la perspective de cette grande compétition au Stade de France, là où la France a gagné la Coupe du monde de football en 1998, où seront forcément réunis mes amis, ma famille, constitue une vraie motivation. Alors, après réflexion, je décide de tout reprendre et de m'investir à fond pour cet objectif.

Je tire un trait sur ces dernières semaines et me présente de nouveau à l'entraînement. Motivé comme jamais. Et je vais m'y tenir. Pendant plusieurs semaines, je m'astreins à un entraînement rigoureux. Je reprends tout le travail foncier, repars pour de longs footings. Je surveille mon alimentation et me couche tôt. Et je tiens. Je ne craque pas, je retrouve la confiance et la motivation. D'autant que les beaux jours approchent et que les séances sont donc plus agréables. Petit à petit, tout se met en place pour préparer une belle saison, la forme revient, je trace ma route, enchaîne les séances, accumule les kilomètres. Je monte progressivement en puissance. Avec, dans un coin de ma tête, le Stade de France… Je poursuis cette préparation de fond assez tard. Jusqu'au meeting du 4 juillet 2003 à Saint-Denis, une compétition que j'aborde sans avoir réalisé au préalable de séance spécifique pour le 1 500 mètres. À l'occasion de ce premier meeting, je cours en 3'33"05, en prenant la 4e place d'un 1 500 mètres remporté par Mehdi Baala qui, au passage, bat le record de France en 3'30"97. Durant ce même meeting, Bob Tahri battra le record de France du 3 000 mètres steeple en 8'06"91.

Mes adversaires, qui ont effectué une grosse préparation hivernale et largement débuté leur travail spécifique, ont de bons mois d'avance sur moi. Je sais donc que j'ai encore de la marge et encore beaucoup de travail à accomplir. Il me reste plus d'un mois et demi pour affiner ma préparation et revenir dans ce stade plein pour y accomplir de grandes choses. Je m'en sens capable. Je veux tout mettre en œuvre pour cela. Au lendemain du meeting de Saint-Denis, je pars en stage à Font-Romeu.

7.

LE DOPAGE COMME UNE ÉVIDENCE

Lorsque je courais à Strasbourg, je ne me préoccupais pas de l'aspect médical de ma préparation. Je ne voyais pas de médecin, je ne prenais pas de vitamines ni aucun produit, je courais « au naturel ».

Lorsque je rejoins le groupe d'entraînement d'Hassan El-Idrissi, c'est pour m'engager dans une approche professionnelle de l'athlétisme. Hassan est un entraîneur intelligent qui prend en compte l'ensemble des paramètres du sport de haut niveau. Et notamment toute la préparation médicale, le suivi de l'athlète. C'est ainsi qu'il m'emmène en Belgique rencontrer le Dr Georges Mouton. Hassan m'explique que c'est un médecin célèbre dans le monde du sport, notamment dans le cyclisme. Il suit en effet de nombreux coureurs. Mais aussi de très grands athlètes, notamment de prestigieux athlètes marocains que j'admire. Des hommes politiques importants viennent le voir également. Je suis donc impressionné. J'ignore à l'époque qu'il a déjà eu des ennuis avec la justice[1]. Hassan me présente à lui. Ils se connaissent, travaillent déjà ensemble avec d'autres athlètes. Il explique au Dr Mouton que je suis un athlète très prometteur avec un réel potentiel pour atteindre un très haut niveau.

Je vais pour la première fois le voir à l'automne 2002. Il a plusieurs cabinets. Un à Bruxelles, un à Liège et un à Madrid. Mais je ne suis jamais allé à Madrid, uniquement dans les deux cabinets belges.

Lors de notre première entrevue, il me fait une prise de sang dans son cabinet. Il a toute la logistique pour cela. Cela permet un bilan très complet avec beaucoup plus de paramètres que le suivi bio-

1. Le Dr Georges Mouton avait été inculpé en septembre 2001 pour faux et usage de faux dans le cadre de prescriptions médicales, pour des importations et ventes d'anabolisants, pour des prescriptions abusives de médicaments, pour des faits de dopage et pour exercice illégal de l'art pharmaceutique. Il avait effectué cinq mois de détention préventive. La justice lui reprochait d'avoir fourni à des sportifs amateurs ou professionnels des produits considérés comme dopants (de l'EPO et de la DHEA). Aucun produit interdit n'avait été retrouvé à son domicile, mais les enquêteurs avaient mis la main sur de nombreux documents qui furent ensuite soumis à l'enquête. Il bénéficiera d'un non-lieu pour cette affaire. En effet, le tribunal correctionnel de Liège a déclaré les poursuites irrecevables à l'égard du Dr Georges Mouton en raison du fait que les faits avaient été dénoncés à la police par un médecin, or, pour ce faire, celui-ci avait violé le secret médical.

logique longitudinal mis en place par la Fédération française d'athlétisme. Le Dr Mouton m'explique qu'il peut voir à travers ces paramètres mon mode de vie. Notamment la manière dont je mange. Il m'assure que si j'avais déjà pris des produits, il le verrait tout de suite. Quelques semaines après ce premier rendez-vous, je retourne au cabinet pour recevoir le bilan de cette première prise de sang. Il me confirme que j'ai des paramètres biologiques normaux et que je n'ai donc pas consommé de produits dopants dans les mois qui ont précédé. Mais il a détecté tout un tas d'allergies alimentaires, et m'interdit donc certains aliments. Par exemple, je n'ai plus le droit de manger de produits laitiers, plus d'aubergines, plus de bananes. Toujours d'après ces analyses, je suis aussi allergique au café et au sucre. Il m'explique que ce sont des allergies que l'on ne ressent pas, mais qui sont nuisibles à un corps d'athlète. En fait, si je mange ces aliments, je progresserai moins vite. Il me dit que dans le lait il n'y a pas de calcium, du moins pas dans le lait pasteurisé que l'on trouve dans le commerce. Et puis, à un certain âge, on n'a plus besoin de calcium. Le seul laitage auquel j'ai droit, ce sont les fromages à pâte dure. Chaque athlète a ses interdictions.

Je vais donc mettre en place un régime alimentaire qui tient compte de ces remarques. À chaque fois que je lui rendrai visite, il contrôlera si j'ai respecté ou non ces interdits. Une fois, j'avais mangé un aliment auquel je n'avais pas droit, il l'a vu tout de suite.

Nous nous rendons ainsi tous les mois ou tous les deux mois à son cabinet. À chaque fois donc, il pratique cette prise de sang qui coûte tout de même 300 euros, que je paye de ma poche, auxquels s'ajoutent 100 euros pour la consultation.

En fonction de mes analyses, il procède à un rééquilibrage hormonal. Il s'agit de compenser par la prise de produits les déséquilibres provoqués par les charges d'entraînement. En fonction des carences qu'il constate, il me prescrit des vitamines, du fer… des extraits thyroïdiens… Je ne sais pas alors que tous les médecins considèrent cela comme très dangereux. Notamment les extraits thyroïdiens qui peuvent entraîner des dysfonctionnements graves de la thyroïde.

C'est ainsi que je commence à me faire mes premières injections. Les vitamines B9, B12 en intraveineuse, le fer en intramusculaire. Je me fais également des piqûres en intraveineuse de magnésium. Je prends par exemple un produit qui s'appelle Zentramine, contenant du calcium et du potassium. Notamment après les grosses séances.

Je me fais moi-même les injections. Je remplis les seringues de vitamines, je me pique puis je fixe un papillon à la seringue.

Je donne l'argent à Hassan El-Idrissi, mon entraîneur, et c'est lui qui ensuite me procure les produits. Il y en a pour 1 000 euros à chaque fois. Et je retourne ensuite régulièrement voir le Dr Mouton, soit à Liège, soit à Bruxelles, afin d'assurer le suivi de ces injections.

Plus je le rencontre, et plus j'élargis les sujets de nos conversations.

Au début, je suis un peu craintif lors de ces rendez-vous et puis, au fur et à mesure de nos rencontres, je me détends. À la fin, les rapports entre nous sont amicaux. Je suis en confiance.

Le dopage, je n'y ai pas forcément pensé en allant le voir, mais c'est à force de parler avec lui et avec Hassan que l'idée fait son chemin. Mouton me dit que, de toute façon, si je veux être parmi les meilleurs mondiaux, il est impossible de rivaliser avec eux si je ne prends pas de produits. Il est catégorique. « Pour la simple raison, me dit-il, que lorsque tu t'entraînes, tes taux d'hémoglobine, ton hématocrite descendent mécaniquement. Aussi, quand tu arrives en compétition, tu ne peux rivaliser avec des gars qui, eux, ont leur taux au maximum grâce aux produits qu'ils ont pris. »

C'est un argument qui va faire son chemin. Mon entraîneur m'assure que c'est un grand médecin et qu'il sait ce qu'il avance. « Il a l'expérience du haut niveau », m'explique-t-il.

Au fur et à mesure des rencontres, il m'indique comment fonctionnent les autres sportifs dont il assure la préparation. Il s'occupe de nombreux athlètes, français ou étrangers, et parmi les plus importants. Certains pour qui j'ai énormément de respect. Il me décrit par le menu ce qu'ils s'administrent. Untel prend ceci, Untel prend cela. C'est comme ça que j'apprends que beaucoup de mes adversaires se dopent. Georges Mouton et mon entraîneur me font comprendre que si je veux rivaliser avec eux, je dois prendre la même chose qu'eux. Petit à petit, je vais me faire à cette idée, car il est difficile d'admettre que l'on va aller disputer une compétition sans être à armes égales avec les autres concurrents. Le meeting de Monaco où j'avais réalisé 3'33" m'avait déjà fait réfléchir. Lors de cette course, j'avais réalisé ce temps en terminant mon 1 500 mètres épuisé, alors que j'avais constaté que parmi ceux qui m'avaient devancé, certains, la plupart, ne semblaient pas du tout fatigués, ils étaient capables de trottiner, de rigoler. J'avais alors commencé à me poser des questions. De même, lorsque je voyais un leader incontesté du 1 500 mètres qui n'était même pas essoufflé à l'arrivée des courses, levait les bras, les genoux, comme s'il n'avait pas couru, alors que moi, à la fin d'une course, je ne pouvais mettre un pied devant l'autre, j'avais l'impression que le cœur allait me sortir par la bouche, j'étais étonné. Musculairement comme au niveau cardiaque, je n'évoluais pas dans le même monde. Alors, ces expériences vécues ajoutées au discours du Dr Mouton et de mon entraîneur, deux personnes très compétentes dans leur domaine, m'amènent à prendre la décision d'avoir recours au dopage.

Après réflexion donc, Hassan et moi sollicitons le Dr Mouton pour que nous allions plus loin dans la préparation, clairement pour qu'il nous aide à entamer une démarche dopante. Bien sûr, j'aurais pu refuser. Oui, j'aurais pu dire non et faire comme certains, Saïd Chebili par exemple, un garçon très doué mais qui n'a jamais voulu se doper. Or il était plus doué que la plupart des garçons qui le battaient en compétition. Il a couru en 3'33"sans produits dopants. Il y a beaucoup d'athlètes qui ont réalisé 3'30" dopés, mais qui auraient été tout à fait incapables de courir en 3'33" de façon naturelle, comme lui.

C'est un garçon intègre et intelligent qui a poursuivi de brillantes études. Sa force de caractère lui permettait sûrement d'accepter de courir contre des mecs dopés. Se faire violence à l'entraînement pour se retrouver face à des coureurs qui avalent trois pilules et ont juste à s'agiter pour être devant vous, c'est dur à vivre. Lui en a été capable sans se corrompre. Peut-être parce qu'il savait que son bagage lui permettrait d'envisager une vie après l'athlétisme. Malgré tout son talent, il n'a disputé qu'une fois les championnats du monde et s'est fait éliminer en séries. Mais il a couru « proprement » en 3'33", ce qui est un énorme exploit. Sauf que personne ne le sait parce que le flot des athlètes dopés – dont je fais partie – a recouvert ce genre de performances et l'a banalisé. C'est profondément injuste. On imagine mal le talent nécessaire et le travail à accomplir pour parvenir à cela. Mais est-ce qu'au final le public ne s'en moque pas ? Il vient au stade pour assister à un spectacle et se contrefiche de ces aberrations de comportement. Telle cette athlète de l'Est aux Jeux, à Atlanta, en 1996, qui après avoir gagné sa course a piqué un sprint tellement elle était contente sans même se rendre compte de l'absurdité de la situation. Une fille comme Patricia Djaté termine 6e du 800 mètres à ces mêmes Jeux. Elle non plus ne saura jamais sa vraie place dans cette course si l'on retirait les coureuses qui étaient sous EPO.

Aujourd'hui, Saïd Chebili est ingénieur en informatique. Il nous arrive de reparler de cette époque et des tentations qui s'offraient à nous tous. Nous évoquons son choix, puis le mien… Et je dois avouer que c'est beaucoup plus difficile de dire non que de dire oui. Car il n'est pas facile de renoncer au succès, à la compétition, à la vie d'un sportif de haut niveau, aux voyages et à l'argent bien sûr. Moi, je n'ai pas su dire non. Plutôt, je n'ai surtout pas trouvé les raisons de dire non. Pourquoi n'aurais-je pas ma chance alors que plein d'athlètes que je sais moins doués que moi, que les observateurs, les spécialistes savent moins doués que moi, terminent devant moi dans les compétitions ? Pourquoi devrais-je leur laisser ma place ? Au nom de quoi devrais-je sacrifier ma carrière ? Et puis un médecin et un entraîneur que j'estime, qui s'occupent déjà d'athlètes confirmés, m'expliquent qu'il faut en passer par là pour réussir. Pour ne pas réaliser tous ces efforts pour rien. D'autant qu'ils me garantissent que c'est sans risque, impossible de se faire prendre.

L'EPO, par exemple, n'est détectable que dans une fenêtre de 48 heures après la prise, m'explique à l'époque le Dr Mouton. Quant au suivi biologique longitudinal, cette procédure mise en place par la Fédération pour s'assurer de notre santé mais aussi veiller à ce que l'on ne se dope pas[1], chacun sait dans le milieu qu'il est facile à détourner. Je me suis dopé et jamais le médecin fédéral ne m'a convoqué en raison d'un suivi longitudinal suspect. Par ailleurs, l'instauration de ce suivi n'a jamais fait baisser la pratique du dopage chez les athlètes. Même s'il constitue une petite barrière dont les

1. Chaque coureur de demi-fond doit effectuer au moins cinq prises de sang dans l'année, dont les résultats sont transmis au médecin fédéral. Celui-ci, s'il constate dans ces résultats des variations suspectes, peut prescrire au coureur une contre-indication à la pratique sportive.

autres pays ne disposent pas. Quant aux contrôles, ils sont assez faciles à déjouer. Surtout pour l'EPO. Il y a très peu de compétitions où on la teste, cela coûte assez cher. Dans le milieu, il y a une liste des meetings où l'on sait qu'il ne va pas y avoir de contrôle, où, s'il y en a, les athlètes sont discrètement prévenus. Entre nous, à cette période, il se dit qu'il vaut mieux tenter un record à Sestrières ou Bruxelles. Dans ces meetings, il semble y avoir très peu de chances d'être contrôlé. Par ailleurs, les contrôles inopinés, c'est-à-dire les contrôles effectués en dehors des compétitions, chez soi ou sur les lieux d'entraînement, et pour lesquels vous n'êtes pas censé être prévenu, ne sont pas aussi compliqués que cela à déjouer. À Ifrane, qui est le camp d'entraînement de l'athlétisme marocain, lorsque des contrôles sont programmés, tout le monde est averti et, dès lors, le stade d'entraînement se vide d'un coup. Et lorsque les médecins préleveurs arrivent sur les lieux, ils ne trouvent plus personne.

Il n'y a donc pour moi aucun frein pour poursuivre dans cette voie. Vraiment, je ne me pose pas la question de savoir si c'est bien ou mal. C'est comme ça. Dans l'ordre des choses. De toute façon, il y a trois possibilités : je me dope, j'accepte de terminer 8e derrière des garçons dont je sais que nombre d'entre eux se dopent, ou bien je rentre chez moi et j'arrête tout.

En revanche, je ne veux pas trop abuser des produits, je ne veux pas me « charger » lourdement – selon l'expression consacrée –, comme le font certains. Même si le docteur et mon entraîneur me rassurent et me répètent qu'un programme de dopage surveillé par un médecin est sans danger, je ne veux pas prendre de risques pour ma santé. Et puis, je ne veux pas non plus devenir une sorte de machine qui ne ressent plus rien. Car si je prends des hormones de croissance, des anabolisants et de l'EPO, je sais que je ne ressentirai plus rien, aucune douleur. Les entraînements les plus durs se dérouleraient alors comme dans un rêve. Je ne sais pas pourquoi, mais je ne veux pas de cela. Je souhaite continuer à en baver à l'entraînement. Je veux juste que l'on m'aide à récupérer et pouvoir arriver le jour de la compétition avec mon maximum de potentiel. Or, justement, les entraînements dégradent le potentiel physiologique de l'athlète. L'entraînement fatigue, fait chuter les différents paramètres biologiques. Et c'est un élément déterminant dans la course : sans cette fatigue, on peut aborder le dernier tour beaucoup plus frais, terminer la course en bonne condition. Regardez bien, après les arrivées, ceux qui se relèvent très vite, qui effectuent rapidement et facilement un tour d'honneur, tout sourires, et qui n'ont pas besoin de retrouver leur souffle…

Je choisis donc une voie médiane dans le dopage sanguin, un dopage « mesuré », à partir de ce qu'on appelle les doses filées, des microdoses.

Le Dr Mouton ne nous donnera ou vendra jamais de produits dopants. Il nous explique simplement les protocoles à suivre.

Les produits à la mode sont les hormones de croissance, la testostérone et l'EPO. Je décide de ne prendre que de l'EPO, toujours pour des raisons de santé, et de ne pas toucher aux hormones de croissance.

Une fois cette décision prise, le Dr Mouton nous explique, à Hassan El-Idrissi et moi, comment prendre l'EPO, quelles quantités en fonction des séances d'entraînement et des jours de compétition. Ce qu'on appelle le protocole. En effet, le dopage est une science exacte. Les gens qui se dopent comme ça, en se piquant au hasard, sans suivi, et qui sont performants, cela n'existe pas. Pour qu'un dopage soit efficace, il faut qu'il soit encadré par un spécialiste. En l'occurrence, c'est la plupart du temps un médecin. Mais ce peut être un entraîneur qui a bien travaillé la question. Hassan, en dehors de l'entraînement, maîtrise aussi très bien les paramètres biologiques de l'activité physique.

Le protocole nous est par ailleurs toujours donné de vive voix et jamais par écrit.

Ensuite, le dopage devient quelque chose de très personnel. On n'en parle jamais entre athlètes. Au sein même de notre groupe d'entraînement, je ne sais pas ce que font les autres, j'ai quelques doutes mais on ne se dit rien.

C'est un peu plus tard, alors que je me dope déjà, que Hassan m'explique que Stéphane Desaulty[1] triche aussi. Il me raconte qu'il prend des doses beaucoup plus importantes que moi. Lui s'administre une ampoule d'EPO tous les trois jours, moi, une ampoule me fait dix jours.

Mais pour le reste, tout est cloisonné. Hassan entretient une relation très personnelle et exclusive avec chacun de ses athlètes. Mon dopage ne reste connu que de lui. Même mes proches, mes amis, mes frères, mes partenaires d'entraînement ne savent rien de ma démarche dopante. C'est un comportement commun à tous ceux qui se dopent, ou presque. Nous ne disons rien à personne de ce que nous faisons, même pas à nos plus proches amis. Le dopage est considéré – et c'est légitime – immédiatement comme une tricherie par les gens extérieurs à ce sport, qui ne le voient qu'à travers les compétitions à la télévision. Mais cela relève d'une démarche un peu plus complexe qu'une sim-

1. Stéphane Desaulty était alors coureur de 3 000 mètres steeple. Il a été entraîné aussi par Hassan El-Idrissi. Il s'est fait prendre en train de se procurer de l'EPO avec une fausse ordonnance. Il a reconnu les faits et a été suspendu par la Fédération.

ple tricherie. Bien sûr, il y a forcément dans ce silence un sentiment de culpabilité et la volonté de ne pas décevoir ses proches. Mais ce n'est pas uniquement pour cela que l'on ne parle pas de dopage à notre entourage. C'est aussi parce que notre perception est forcément différente. Pour le plus grand nombre, le dopage, c'est l'enfer, alors que pour nous, c'est devenu notre quotidien. Pour ceux qui ne vivent pas notre existence, ne suivent pas nos entraînements, ignorent tout des choix auxquels nous sommes confrontés, je conçois qu'il soit difficile de saisir ce qui nous conduit à nous piquer avec une seringue dans l'abdomen. Alors, nous nous taisons. On ne dit rien, ni entre nous ni en dehors. Je suis proche de mes frères, pourtant je ne leur ai jamais rien dit. Pas plus à mes parents, que je ne souhaite pas affoler sur mon état de santé qui est sûrement à leurs yeux le plus inquiétant dans mon passage à l'acte. Je ne veux pas qu'ils pensent que je me mets en danger. Enfin, se doper constitue quelque chose de très intime. Chacun a des raisons très personnelles de le faire. Et puis, tout le monde ne se dope pas de la même façon, certains font « plus attention » que d'autres qui ne voient que la performance. Voilà, il y a tout un tas de raisons pour que cela reste un secret bien gardé. Jusqu'à aujourd'hui.

8.

LE TEMPS DES SERINGUES

Cet été 2003 s'annonce de la meilleure des façons. Le 4 juillet, je viens de me classer 4e lors du meeting de Saint-Denis en courant mon 1 500 mètres en 3'33"05.

Je suis rassuré par cette prestation, car je n'ai pas encore entamé les séances spécifiques, les entraînements conçus pour être immédiatement performants sur 1 500 mètres. J'ai poursuivi ma préparation foncière assez tard. J'ai donc conscience que je peux être très fort, car ma marge de progression reste importante. Les séances spécifiques (cette partie que l'on appelle la période d'affûtage) qui permettent d'atteindre progressivement la meilleure forme sont programmées pour ce mois de juillet. Aidé par l'EPO, je vais pouvoir m'entraîner à fond et me présenter au maximum de mon potentiel aux championnats du monde.

J'entame cette ultime phase de préparation durant un stage à Font-Romeu avec comme perspective cette grande échéance mondiale au Stade de France. Cette station des Pyrénées est un lieu habituel de préparation des sportifs français et, officieusement, une plate-forme majeure du dopage. Pas autant qu'Ifrane, au Maroc, mais tout de même, il y a pas mal de choses qui y circulent.

Durant le printemps, de nombreux sportifs se retrouvent en stage et pas que des athlètes. Il y a là des nageurs, ceux-là mêmes qui battent des records du monde à chaque sortie. Ils viennent pour l'altitude, les infrastructures et le bon air de la montagne, mais pas seulement. Cette station présente aussi l'avantage d'être proche de l'Espagne où l'on trouve assez facilement des produits. Longtemps, on a pu aller chercher directement de l'EPO en pharmacie. Nous, nous utilisions d'autres filières.

Lors des footings en forêt, on se croise parfois entre les différents groupes d'athlètes qui s'entraînent sur place. L'après-midi, selon les heures, on se retrouve aussi sur la piste. C'est ainsi que certains ont pu assister à quelques-unes de mes séances. Et il est sûr que des athlètes ont dû se douter de quelque chose car j'arrivais à enchaîner des sorties assez monstrueuses.

Le soir ou à midi, après le déjeuner, on se retrouve les uns et les autres pour boire un café. C'est étrange comme atmosphère, car il y a là la plupart des meilleurs coureurs de demi-fond, à l'exception des Kenyans et des Éthiopiens. C'est une ville qui, notamment au printemps, vit au rythme de la course à pied.

On habite des appartements qu'on loue. Certains ont acheté leur propre logement. Moi, je loge dans un deux pièces que je partage avec un athlète. On se prépare nous-mêmes nos repas. Nos journées sont entièrement consacrées à l'entraînement. On court, on mange, on court à nouveau, et le soir, après un peu de télé, on s'endort très vite. Il n'y a pas de sortie, pas de cinéma, de toute façon on n'en a pas la force. C'est une vie en vase clos où l'on partage tout, mais pas les secrets les plus intimes. Comme mon frigo où sont conservées les ampoules d'EPO que je garde bien fermé.

Je me souviens de la première fois que je me suis piqué. J'ai vite pris le coup. C'est assez facile, il faut se piquer dans l'abdomen. Je n'ai pas ressenti l'effet du produit tout de suite, mais seulement au bout de quelques semaines. Au début, je pensais que j'allais me faire une piqûre et que j'allais voler l'après-midi à l'entraînement, mais cela ne s'est pas passé ainsi. Essentiellement parce que je ne prends pas de grosses doses. Si bien que je n'en tire les bénéfices qu'avec les effets de l'entraînement. Je ne suis pas comme certains coureurs que l'on voit arriver sur les meetings peu affûtés, qui effectuent quelques petits footings à Font-Romeu et qui, miraculeusement, réalisent des temps invraisemblables.

Je prends tous les trois jours une dose de 1 000 unités après chaque grosse séance, pour bien récupérer, cela pendant deux mois. En général, une boîte d'EPO contient six ampoules de 4 000 unités et revient à 450 euros. L'idée est de ramener mon hématocrite à niveau après chaque gros entraînement. Les globules rouges transportent l'oxygène nécessaire à l'activité musculaire. Donc, plus on a de globules rouges et plus on apporte de carburant au muscle. Donc, plus l'hématocrite est élevé, plus on est efficace.

J'ai plus appris sur le corps humain grâce au dopage que lors de mes cours de sciences naturelles à l'école. J'ai naturellement un hématocrite à 49 %. Cette dose d'EPO me permet donc de rester à ce taux-là malgré les efforts. Et encore, je ne fais pas partie de ces athlètes qui se retrouvent avec des taux proches de 60 %. Je ne sais pas en combien j'aurais couru le 1 500 mètres avec de tels taux mais, j'en suis persuadé, en beaucoup moins de 3'30"… surtout si j'avais aussi touché aux hormones de croissance et à la testostérone.

Dans les années 1990, quand l'EPO est apparue – et qu'elle était donc indécelable –, les premiers à en avoir pris n'y sont pas allés de main morte. Globalement, les records du monde du fond et demi-fond sont à des niveaux inouïs. Le grand public n'a pas conscience de ce que ces records représentent, mais pour ceux qui ont déjà couru un jour, effectuer vingt-cinq tours de piste à une moyenne de 1'02"au tour, c'est ahurissant. Bien sûr, certains athlètes vivent en altitude, courent depuis qu'ils sont enfants, ont consacré toute leur vie à cela dans un environnement complètement dédié à la course à pied, mais tout de même. Il existe certaines limites physiologiques.

À Ifrane, au Maroc, je me rappelle avoir assisté un jour à une séance d'un athlète marocain, champion du monde. Il a fait dix fois 1 000 mètres en 2'38"avec 1'30"de récupération entre chaque kilomètre, sans aucune goutte de sueur. C'est pour cela que beaucoup se cachent pour effectuer leurs séances. À Ifrane, Hicham El Guerrouj faisait évacuer le stade pour s'entraîner à l'abri des regards. Il voulait être tranquille.

Moi, cela ne me dérange pas. D'ailleurs, je vais bientôt voir les effets du dopage sur mes performances. D'abord, à l'entraînement. Je monte peu à peu en gamme dans la qualité et l'intensité de mes entraînements, et ce, grâce aux effets de la cure que je suis. Mais une cure implique forcément une logistique. Heureusement, tout est prévu.

Le Dr Mouton a demandé à Hassan El-Idrissi d'entraîner un athlète de sa connaissance. Hassan a accepté et c'est cet athlète qui vient de Belgique jusqu'à Font-Romeu pour nous livrer. Il a souvent Hassan au téléphone. Il arrive même qu'il nous rejoigne à Rouen ; en fait, il vient là où on se trouve. Nous utilisons parfois d'autres moyens pour nous en procurer, mais il reste notre principale source.

Comme la cure dure deux mois, à raison d'une boîte et demie par mois, elle revenait donc à 1 350 euros. J'obtiens les seringues en pharmacie et j'en change régulièrement pour ne pas attirer l'attention. Il faut ensuite conserver l'EPO dans une température comprise entre 3 et 10 °C. Nous avons donc toujours un frigo à disposition, et des glacières pour chaque voyage.

Au milieu de ma préparation, durant ce mois de juillet, je me rends à Narbonne pour participer aux championnats de France (24 au 26 juillet 2003). Tous les meilleurs *milers* français sont là, à l'exception de Mehdi Baala qui refuse de courir le 1 500 mètres pour ne disputer que les séries du 800 mètres. Étrange. Me craint-il ? Il est forcément au courant du niveau de mes séances effectuées à Font-Romeu. Il sait que je suis dans une forme redoutable.

Il n'y a pas eu de séries pour décerner le titre de champion de France du 1 500 mètres, c'est une finale directe. Sur la piste de ce Parc des sports et de l'amitié, il fait une chaleur étouffante. Bob Tahri qui participe à la course s'est mis d'accord avec un jeune espoir pour durcir le rythme, car il me sait plus fort pour finir au sprint. La course part donc sur des bases rapides, 1'11"au premier 500 mètres. Je me suis sagement installé dans le rythme de cette course, sans forcer. Rarement je n'ai connu de telles sensations. D'habitude, je sens la fatigue après 400 mètres, et l'acide lactique après 1 100 mètres de course, là, je n'ai eu les jambes un peu lourdes que dans les 20 derniers mètres, autant dire que je n'ai pas souffert. J'ai effectué à Font-Romeu de grosses séances d'entraînement qui auraient dû me fatiguer. Mais l'EPO change tout. Grâce à ma cure, je passe par ces championnats de France sans entamer mon potentiel. Je dispose d'une hémoglobine et d'un hématocrite élevés malgré plusieurs semaines de stage intensif. C'est le miracle du dopage contre lequel les athlètes non dopés ne peuvent rien. Lorsque j'ai couru à Monaco et que j'ai réalisé 3'33", mon hématocrite est descendu à 43 % à cause de la répétition des entraînements. Si je voulais qu'il remonte naturellement, il m'aurait fallu respecter plusieurs semaines de repos, ce qui signifie pas d'entraînement et donc une baisse de niveau et de performance. Tandis que là, je ressens vraiment durant cette course la différence physique entre un athlète dopé et l'athlète sain que j'étais auparavant. Aujourd'hui, ça n'a plus rien à voir, je cours dorénavant sans barrière aucune, ni physique ni psychologique, rien ne peut m'arriver. Au moment où la cloche retentit, je pars progressivement avant de placer une attaque fulgurante et de l'emporter avec 20 mètres d'avance sur les suivants. Je termine cette course en 3'37"09 et « sans forcer », comme l'écrivent de nombreux journalistes présents ce jour-là. C'est le deuxième 1 500 mètres le plus rapide de l'histoire des championnats de France.

Je remonte à Font-Romeu avec un moral énorme. Non seulement j'ai pu constater les effets du dopage sur le corps, les sensations en course, cette impression de ne jamais ressentir l'acide lactique, de ne jamais manquer d'air, de ne jamais avoir les jambes qui brûlent, mais surtout j'ai pris conscience de l'apport psychologique. Et contrairement à ce que l'on pourrait croire, il est aussi important, sinon plus, que l'effet physiologique.

En effet, lorsque l'on prend des produits, on a une grande confiance en soi car on sait qu'il n'y aura pas de défaillance, que tous les paramètres biologiques (hématocrite, hémoglobine) sont au maximum. Et puis on n'est pas fatigué par les entraînements. Serein, on ne dilapide pas son énergie par un stress inutile, celui-là même qui assaille tous les coureurs avant une course. En effet, on se demande toujours dans quelle forme on va être, si on ne va pas avoir un coup de barre, une défaillance, on doute forcément. Avec le dopage, on ne doute pas, puisque l'on sait que l'on est au maximum de son potentiel, voire un peu plus pour ceux qui ont forcé la dose. On perçoit même avant une compétition les coureurs qui n'ont rien pris et qui sont résignés, car ils savent que, dans le peloton, il y a des athlètes qui sont avantagés ; d'une certaine façon, ils ont intégré la défaite et cela nuit inéluctablement à leurs résultats.

C'est avec l'envie de réussir une grosse performance que je participe à ces championnats de France. Sur la ligne de départ, je suis à la fois serein et détendu. D'un coup, je comprends mieux maintenant les sourires, la facilité que dégagent certains athlètes au moment de s'élancer, alors qu'auparavant j'étais tétanisé. Il est évident que tout a changé. J'aborde maintenant l'entraînement et le reste de ma préparation avec un tout autre état d'esprit. Tel un fauve, j'ai envie d'en découdre sur la piste. Et je comprends aussi l'enthousiasme de beaucoup de mes camarades à s'entraîner. Je suis maintenant capable d'aller courir sans rechigner.

Finalement, je crois que le dopage, plus que pour la compétition, est utilisé par les athlètes pour traverser ces lourdes et difficiles périodes d'entraînement. Comme certains prennent des anxiolytiques pour surmonter le stress au travail, nous, les athlètes, prenons des produits dopants pour supporter l'entraînement.

De retour à Font-Romeu, je reprends les séances avec d'autant plus de vigueur que j'ai pu constater les effets positifs de toute cette préparation, mes entraînements ajoutés à la prise d'EPO. Je poursuis ainsi mon plan de marche vers les championnats du monde qui débutent maintenant dans quelques jours (23 août 2003) en effectuant des séances de plus en plus resserrées, très spécifiques au 1 500 mètres, avec notamment tout un travail de vitesse. Et avec, à chaque fois, ma petite ampoule d'EPO. Comme dans un rêve.

Après plusieurs semaines de stage, je suis prêt. Fort comme jamais je ne l'ai été. Nous rentrons à Rouen. L'été s'annonce chaud.

9.

LA GLOIRE

Je dois prendre part à un 800 mètres lors du meeting organisé durant l'été par mon club de Sotteville-lès-Rouen. Les athlètes sont logés au Novotel que je connais bien. Après plusieurs semaines de travail sérieux, la veille du meeting, je ne sais pas pourquoi, peut-être le contexte, ce décor dans lequel j'ai mes habitudes, je craque à nouveau. J'adore jouer au tennis. Or, en attendant le jour de la course, je m'ennuie beaucoup. Je décide alors d'appeler des copains pour qu'ils viennent jouer avec moi sur le court de l'hôtel. Ils me rejoignent et ainsi, la veille de la compétition, je me mets à jouer au tennis de 10 à 18 heures. Le soir, je suis évidemment épuisé. Et forcément, le lendemain au réveil, j'ai les jambes lourdes, très lourdes. Mais je prends tout de même le départ de mon 800 mètres à l'occasion d'une course où je retrouve des vrais cadors de la distance. C'est la première fois, et la dernière du reste, que je cours un 800 mètres. J'ai mal aux jambes, la piste est en mauvais état, et malgré tout cela je boucle ma course en 1'45"65. Je n'en suis pas revenu. À partir de ce moment, je me suis dit que j'allais être très, très fort pour ces championnats du monde au Stade de France.

Je consulte une dernière fois le Dr Mouton pour préparer cette ultime ligne droite avant les championnats du monde. Dernières prises d'EPO, derniers gros entraînements. Quelques jours avant la compétition, je réalise deux séances colossales. Durant la première, j'exécute huit tours de 400 mètres avec 1'30" de récupération entre chaque. Avec les temps suivants : 56" ; 56" ; 56" ; 55" ; 56" ; 55" ; 53" ; 52". Trois, quatre jours après, je réalise la séance suivante : 500 mètres en 1'0"84 ; 400 mètres : 47"77 ; 300 mètres : 36"82 ; 200 mètres : 24". Incroyable !

Je sens que je vais frapper un grand coup.

Mais avant le rendez-vous de Saint-Denis, je suis retenu – en raison de mes bons résultats – pour participer au meeting de Zurich qui se tient le 15 août. C'est la première fois que je cours sur la mythique piste du Letzigrund. Il s'agit là d'un meeting d'athlétisme d'importance, un peu comme si vous disputiez la finale de la Ligue des champions en football. Ne sont invités à cette compétition que les meilleurs athlètes dans chaque discipline. L'ambiance y est extraordinaire.

De nombreux amis ont fait le déplacement de Strasbourg pour m'y voir. Mes frères sont venus ainsi que M. Richter. Je suis très ému qu'il soit là et j'ai d'autant plus envie de faire une belle course pour lui et pour ma famille. Mais cette présence ainsi que le contexte de cet événement font monter la pression. Je suis assez stressé car je ne veux pas décevoir tous ces gens qui sont venus jusqu'ici, en Suisse, pour me voir courir.

Je me souviens assez peu de cette course, en revanche je me souviens bien de l'ambiance qui règne dans le stade, le bruit de la foule qui résonne très fort sur la piste.

Impressionné par le décor, au début je suis un peu spectateur de la course, je me laisse enfermer dans le peloton. Or le rythme est très élevé, emmené bien entendu par Hicham El Guerrouj, suivi de près par Bernard Lagat, son principal adversaire. Il va donc falloir que je m'extraie de la masse des coureurs pour rejoindre la tête du peloton et tenter de suivre la cadence infernale imposée par le recordman du monde marocain du 1 500 mètres. Et je m'accroche comme un mort de faim à leurs foulées, je ne veux pas céder de terrain, je veux montrer à tous mes amis, à M. Richter, que je suis quelqu'un, que je suis capable de figurer parmi les meilleurs coureurs de la planète. À ce moment-là, je ne pense pas au dopage, à aucun instant je ne culpabilise en me disant que je suis en train de tricher. Je suis persuadé que tous les autres autour de moi en font tout autant. C'est là mon intime conviction. Dans ces moments, on oublie complètement les piqûres, elles font partie intégrante de la préparation, de l'entraînement. Et comme on a tout de même bien souffert, on ne fait pas du tout la part des choses. On se présente sur la ligne de départ comme un athlète, non pas comme un athlète dopé. Psychologiquement, je ne me suis pas senti différent ou plus en confiance, mais je ne me suis pas non plus senti comme un être différent parce que je prends des produits. Je reste d'abord un compétiteur, ce qui explique qu'on ne peut chercher les stigmates d'un comportement particulier chez des athlètes dopés.

Dans la dernière ligne droite, je me bats contre les autres, et contre moi-même car, malgré l'EPO, je sens mes jambes me brûler. Les doses filées que j'ai prises ne sont pas suffisantes pour effectuer avec facilité une course à un tel rythme. Et finalement, mètre après mètre, je parviens à me détacher des Kenyans Alex Kipchirchir et Paul Korir, deux monstres de la distance, pour aller chercher une belle 3e place derrière Lagat et El Guerrouj, mais aussi, et surtout, le record de France du

1 500 mètres. En 3'30"83, je fais mieux que le record de Mehdi Baala qui est de 3'30"97.

3'30", pour un *miler*, c'est un chiffre mythique. C'est entrer dans une caste, celle des seigneurs du 1 500 mètres, la plus grande des courses de demi-fond. Et puis, en battant le record de France, je rejoins ainsi des noms prestigieux du sport comme Michel Jazy ou Jean Wadoux. C'est un moment fabuleux. Je décide d'aller voir M. Richter dans la tribune, il n'en est toujours pas revenu, il est sidéré et heureux. Moi, je suis tellement ému... C'est étrange, mais à ce moment-là, vous profitez, vous jouissez de l'instant, mais jamais vous ne vous dites que vous ne méritez pas ce qui vous arrive. Parce que malgré tout, j'ai souffert, et je me suis battu pour aller chercher cette troisième place et ce chrono.

Hicham El Guerrouj vient ensuite me féliciter. Lui, c'est mon idole depuis gamin. Je me souviens même d'avoir fait un footing avec lui lorsque j'étais môme. Il était de passage pour quelques jours à Strasbourg où il a de la famille. Depuis, je sais qu'il suit ma progression. Là, il a salué chaleureusement ma performance, et il a ajouté qu'il était content que ce soit moi qui détienne le record de France. En fait, je crois qu'il a vu d'un bon œil qu'un rival français batte le record détenu par Mehdi Baala.

Je passe ensuite la soirée dans une douce euphorie. Les championnats du monde sont dans quelques jours (le 23 août), je viens de terminer 3e de la plus grande course de la saison, tous les espoirs me sont donc permis, d'autant que je suis en phase ascendante. Compte tenu du retard que j'ai pris dans ma saison, je sais que je n'ai pas encore atteint mon pic de forme. Ce qui me fait penser que je peux espérer quelque chose lors de ce 1 500 mètres des championnats du monde. Après des années de tergiversations, je vais enfin pouvoir traduire mon potentiel et obtenir la reconnaissance, celle qui me fera peut-être définitivement aimer l'athlétisme. Mais ces rêves insensés nés de cette soirée zurichoise ne dépasseront pas l'aurore.

Le lendemain matin, en gros titre, « La surprise Chouki » barre la une de *L'Équipe*. À l'intérieur du journal, sur près d'une page, il y a une grande interview de moi dont le titre est on ne peut plus explicite : « À Paris, pour un podium », et dans laquelle je conclus par : « Je suis dans la cour des grands. » Ce bon moment de lecture passé, je pars ensuite faire un footing de décrassage, la tête encore pleine des images de la veille. Là encore, je ne me vois pas comme un athlète dopé, ma satisfaction n'est absolument pas entachée par ma préparation déviante, en tout cas, je n'ai aucun débat intérieur à ce sujet. Peut-être parce que l'on finit par intérioriser cela, que le dopage nous pénètre en faisant partie intégrante de nous-mêmes. Il est devenu mon quotidien au point que je n'y prête plus attention.

Je cours donc tranquille, regonflé, motivé comme jamais, prêt à affronter ce qui se présente comme le plus gros challenge de ma carrière. Je déroule mes foulées, il y a une forme d'allégresse dans ces footings de décrassage les lendemains de grande performance. Je m'abandonne à cette félicité sur les chemins des environs de l'hôtel lorsque, soudain, je ressens comme un coup de poignard dans le mollet gauche. Cette douleur que connaissent tous les athlètes, celle qui fait l'effet d'une lame cisaillant le muscle. Et qui, systématiquement, signifie déchirure... Je n'ai pas besoin d'attendre le verdict du médecin pour savoir que c'est grave. Que mon fol objectif vient probablement de s'évanouir au beau milieu d'une clairière.

10.

LE CAUCHEMAR DE SAINT-DENIS

Le médecin a confirmé ce que j'avais tout de suite compris, il s'agit d'une déchirure du mollet. L'IRM précisera que cette déchirure compte 4 centimètres de longueur. Il ne reste qu'une semaine avant le début des séries du 1 500 mètres, ce qui signifie qu'il est impossible que je guérisse dans ce délai. Mais je ne veux pas renoncer pour autant. Des championnats du monde à Paris, cela ne se reproduira pas d'ici la fin de ma carrière. Alors, je veux tout tenter pour essayer au moins de participer.

Lorsque je rejoins le Centre national de rugby à Marcoussis où est regroupée l'équipe de France d'athlétisme, le staff médical fédéral me dissuade de participer aux championnats du monde. Ils m'expliquent que je ne pourrai pas courir avec une telle déchirure et que la blessure va forcément s'aggraver. C'est évidemment la voix de la raison, mais un athlète n'est pas quelqu'un de raisonnable. Et puis moi, même si la blessure doit s'aggraver, même si je dois mettre un terme à ma saison, peu m'importe. Je veux au moins courir quelques tours sur cette piste du Stade de France devant ce public si nombreux. Je veux participer à la fête.

Devant mon entêtement, le staff médical va jusqu'à publier un communiqué pour se décharger de toute responsabilité et dénoncer ma volonté de vouloir courir en étant blessé. Voici ce communiqué : « L'encadrement médical de l'équipe de France, d'après les données de l'examen clinique et de l'imagerie (échographie et IRM), considère que sa participation [de Fouad Chouki] n'est pas raisonnable compte tenu des risques importants d'aggravation de la blessure avec d'éventuelles séquelles. Des soins adaptés lui sont prodigués depuis le 18 août, jour de son arrivée, c'est-à-dire dès connaissance de la symptomatologie. Face aux pressions extérieures, l'équipe médicale récuse toute responsabilité en cas de gestes thérapeutiques non appropriés pouvant être proposés à l'athlète. »

Mon entraîneur, Hassan El-Idrissi, décide alors de m'emmener consulter un autre médecin, le Dr Monbelli, un homme que je n'ai encore jamais vu. J'espère que, malgré cette blessure, je pourrai quand même tenir ma place sur la piste.

Finalement, je décide contre l'avis de la Fédération de m'aligner pour les séries des championnats du monde. La veille de la course, l'affaire occupe toute la deuxième page du journal *L'Équipe*, ce qui, je dois l'avouer, me perturbe quand même pas mal. J'aurais préféré être plus tranquille pour préparer cette échéance.

Je cours ma première série en me ménageant au maximum. Le mollet strappé, je reste calé dans le peloton et j'accélère progressivement pour parvenir ainsi à me qualifier.

Je termine 6e en 3'41"67 de la série la plus rapide. Après l'arrivée de ces séries, je subis un deuxième contrôle antidopage, sanguin et urinaire. J'en ai déjà subi un quelques jours auparavant lors de mon arrivée à Marcoussis. Je suis serein car je n'ai plus repris d'EPO depuis que je me suis blessé. D'ailleurs, ces deux contrôles se sont avérés négatifs. Je suis tout à ma joie de participer aux demi-finales qui se déroulent deux jours plus tard. Ce qui me laisse un peu de repos et de temps pour soigner mon mollet.

Les médecins de l'équipe de France n'en reviennent pas. Pour eux, il est impossible que mon mollet tienne. Simplement, malgré le niveau de la compétition, je n'ai pas puisé dans mes réserves pour me qualifier. Il en va autrement pour les demi-finales. Car une demi-finale de 1 500 mètres de championnats du monde, c'est un exercice extrêmement difficile. Il y a beaucoup de très bons coureurs et la moindre erreur tactique peut être fatale. Ce sont des courses beaucoup plus décousues que les finales, car il y a une possibilité de se qualifier en terminant dans les premiers, mais aussi grâce au temps qui est réalisé. Si bien que les coureurs ont des objectifs différents, ce qui donne des courses très nerveuses.

La course est plus rapide que les séries, Mehdi mène le train, moi, je suis toujours au milieu du peloton comme lors des séries. En fait, je suis inquiet car je ne sais pas si mon mollet va supporter ce nouvel effort. Lors de cette demi-finale, je vais accélérer progressivement et me retrouver troisième. Voyant alors que ma qualification pour la finale est assurée, je ralentis pour finalement terminer quatrième de cette course remportée par Mehdi Baala. Ce qui m'arrive jusque-là, les conditions dans lesquelles je décroche mon billet pour la finale avec une déchirure de l'aponévrose de 4 centimètres relèvent du miracle pour le corps médical. Même si je suis content, je suis également frustré. Car je sais que je ne suis pas à mon niveau. Je n'ai pas couru depuis une semaine, je manque de rythme.

Arrive le jour de la finale, nous sommes le 27 août 2003. Ces championnats connaissent un véritable succès populaire. L'ambiance dans le Stade de France est extraordinaire. De plus, les Français sont en train de réussir les meilleurs championnats du monde de leur histoire. La veille de la finale du 1 500 mètres, il y a eu la finale du 400 mètres messieurs. Cette course a été phénoménale avec notamment cet incroyable retour de Marc Raquil dans la dernière ligne droite qui a marqué tous les esprits et qui lui permet de monter sur le podium (3e). Leslie Djhone a quant à lui fini à la 5e place. Tous les deux gagneront plus tard une place (2e pour Raquil, 4e pour Djhone) après la disqualification pour dopage de Jérôme Young qui a reconnu quelque temps après s'être dopé durant des années. D'ailleurs, je me dis que si on devait refaire aujourd'hui les classements des championnats du monde, des jeux Olympiques, en retirant des palmarès tous les athlètes dopés, on obtiendrait d'étonnants résultats.

Jour de finale donc. Je repense aujourd'hui à cette journée qui aurait pu être l'un des plus beaux moments de mon existence et qui, au contraire, va sceller le début de ma chute. Je partage ma chambre avec mon partenaire d'entraînement Rachid Chekhemani. Je dors bien. Après mon petit déjeuner, je m'adonne à un réveil musculaire. Je parviens à faire une bonne sieste l'après-midi. Je décide de rester le plus tard possible à la Cité universitaire où nous sommes logés depuis le début de la compétition. Ce jour-là, je pars vers 19 heures en RER pour le Stade de France en compagnie de mon entraîneur. Nous nous rendons directement au stade d'échauffement. Je réalise un entraînement allégé en raison de ma blessure. Tous les protagonistes de la finale sont là. Chacun s'échauffe dans son coin. Puis on appelle les concurrents du 1 500 mètres. On se rend en chambre d'appel. Il règne un grand calme, pourtant, la tension est extrême. Chacun enfile ses pointes. On accroche les dossards, enfin nous parvient la clameur du stade.

Le stade est plein, il y a les télévisions du monde entier, la finale du 1 500 mètres est l'un des moments les plus attendus de ces championnats.

Le Marocain Hicham El Guerrouj est le grand favori de la course. On effectue quelques accélérations en ligne droite. Là, je ressens une douleur au mollet. Le stress n'arrange rien à cette blessure. J'essaye de ne rien montrer. Nous sommes placés sur la ligne de départ.

Dès le coup de feu du starter et la première accélération pour se placer dans le peloton, je ressens plus vivement ma douleur au mollet gauche, elle ne va pas me lâcher. La blessure qui m'a laissé tranquille pendant les séries et la demi-finale se réveille maintenant. N'importe où ailleurs, j'abandonnerais, mais là, en finale des championnats du monde à Paris, je ne veux même pas y penser. Alors je serre les dents, je continue, je m'accroche, placé en quatrième ou cinquième position. Je sens que j'ai le cœur, la « caisse » et la vitesse pour monter sur le podium. Malheureusement, l'enveloppe qui entoure mon muscle se décompose à chacun de mes pas tandis que je n'espère qu'une seule chose : aller au terme de cette course.

À 800 mètres de l'arrivée, comme à son habitude, El Guerrouj durcit le rythme, Baala le suit de près. Je parviens à tenir la cadence imposée. Dans le dernier tour, la douleur au mollet se fait plus intense pour devenir insoutenable au fil des mètres. Mais je me dis que ce n'est qu'une souffrance de plus et qu'elle n'est rien en regard de la joie que m'apporterait une médaille. Tenir, il faut tenir.

Viennent les derniers 200 mètres. El Guerrouj et Baala se sont détachés et luttent devant pour la victoire finale. Moi, je m'accroche à mon rêve de podium. Il est là, tout proche. Il reste juste l'Espagnol Reyes Estévez devant moi. Je le double dans le virage, la douleur devient folle. Mais je suis plus fort qu'elle. C'est la dernière ligne droite, plus que 80 mètres et j'entrerai dans l'histoire de l'athlétisme français. Quatre-vingts mètres pour rendre fiers et heureux mes parents, pour rendre à Jean-Claude Richter, à Bernard Sutter, un peu de ce qu'ils m'ont donné.

J'entame le sprint, j'appuie mes foulées, je tire sur mes bras, je me détache d'Estévez, je lui prends un bon mètre, puis deux, puis trois. Ça y est, je file vers cette 3e place, vers une médaille de bronze, j'y cours. Mais soudain, violemment, mon mollet se disloque, l'aponévrose cède d'un coup. Je me désarticule et interromps mon sprint terrassé par la douleur tandis que les autres concurrents me dépassent les uns après les autres. Comme un automate, obsédé par cette volonté de me battre jusqu'au bout, je poursuis cahin-caha jusqu'à l'arrivée. Une fois cette maudite ligne franchie, je m'écroule, terrassé par la douleur, et finis par m'évanouir tandis que la foule acclame El Guerrouj le roi, et Baala son glorieux dauphin, comme titrera *L'Équipe* le lendemain.

Les médecins avaient raison, mon mollet ne pouvait pas tenir, mais je ne pouvais faire autrement que de tenter l'impossible.

Des infirmiers sont venus me chercher et m'emmènent sur un brancard dans l'antre du stade. Là, on me place une perfusion. Puis on me demande de me soumettre à un nouveau contrôle antidopage. Le lendemain, l'article de *L'Équipe* me concernant était intitulé : « Chouki : du rêve au cauchemar ». Je ne savais pas à quel point cela allait être vrai.

11.

LA CHUTE

Je suis très vite rentré à Strasbourg afin de me soigner et puis de tourner la page, d'oublier tout cela. Je retrouve la Montagne Verte, ma famille, mes amis. Je mets l'athlétisme de côté l'espace de quelques semaines, il sera bien temps de reprendre en octobre. Mais l'athlétisme va me rattraper bien plus vite que prévu.

C'est par un coup de téléphone de mon entraîneur Hassan El-Idrissi que j'apprends la nouvelle. Hassan me dit : « Fouad, tu as été contrôlé positif à l'EPO. » D'abord, je ne veux pas y croire. Le Dr Mouton m'a bien dit que ce n'était pas possible d'être contrôlé positif si on prenait de l'EPO plus de deux jours avant le contrôle. Or, moi, cela faisait plus de dix jours que je n'en avais pas pris.

Reste que le laboratoire de Chatenay-Malabry a bien trouvé de l'érythropoïétine dans mes urines. Joint au téléphone, le Dr Mouton me confirme que ce n'est « pas possible » que je sois positif. Alors, comment expliquer que l'on ait retrouvé de l'EPO dans mes urines si la fenêtre de détection n'excède pas 48 heures ?

J'ignorais, et visiblement le Dr Mouton aussi, que les médicaments et les traitements qui m'ont été administrés pour ma déchirure au mollet peuvent interférer avec la pharmacocinétique de l'EPO et ont pu participer à allonger son temps de vie dans mon organisme.

Pendant ce temps-là, la nouvelle tourne en boucle à la radio et à la télévision. Je rassure mes parents qui ne comprennent pas du tout ce qui se passe. Ma mère est affolée. Je lui dis de ne pas s'inquiéter, que tout ça va s'arranger. Après en avoir parlé avec mon entraîneur, je décide de me battre. D'accord, j'ai pris de l'EPO, mais, mal informé, je croyais qu'il était scientifiquement impossible que l'EPO soit décelable. J'ai alors la certitude que l'on me vise, et que, par ce contrôle, on veut me faire tomber. Je ne sais pas pourquoi, mais c'est mon intuition. Je sais que mon entraîneur n'est pas apprécié par la Fédération. Je me suis donc appuyé sur un avocat pour tenter de faire casser cette procédure. Cette bataille juridique va durer de longs mois, elle sera fortement médiatisée.

Lorsque je suis convoqué devant la Commission de discipline, le 9 octobre 2003, pas moins de quatre équipes de télévision, une dizaine de reporters radio ainsi que la presse écrite m'attendent devant le siège de la Fédération, au stade Charléty. Je me rends à cette première audience avec mes avocats belges Mes Martin Hissel et Jean-Louis Dupont. Ce dernier a défendu le footballeur Jean-Marc Bosman, dont le nom est associé à l'arrêt qui a révolutionné le football européen. Mon troisième avocat est français, c'est Emmanuel Daoud du cabinet Stasi et Associés. Ce dernier est arrivé un peu plus tôt. Alors que tout le monde s'attend à une longue audition et une tout aussi longue délibération, mes avocats ont choisi d'attaquer sur la forme. Me Daoud s'adresse d'entrée au jury de cinq membres présidé par le vice-président délégué Guy Manfredi : « Désolé de vous parler ainsi, sans animosité ni volonté de polémiquer, mais nous serons obligés de vite vous quitter. » En effet, mes avocats vont soulever devant l'organe disciplinaire de la FFA ce que l'on appelle une exception d'illégalité. En France, la lutte contre le dopage n'est pas affaire de fédérations, ce n'est pas non plus une affaire privée, c'est une affaire d'État. Un article du code de la santé publique définit précisément ce qu'est l'infraction de dopage, et chaque fédération doit dans son règlement de lutte contre le dopage reprendre cette définition. Or l'article 1 du règlement de lutte antidopage de la FFA ne reprend pas la loi, mais la définition de l'infraction de dopage provenant du règlement de l'IAAF (Fédération internationale d'athlétisme). Nous demandons donc à l'organe qui doit nous juger de d'abord trancher cette question avant d'éventuellement en examiner une quelconque autre. Las, je suis néanmoins condamné à deux ans de suspension. Je fais appel de cette décision, et le 26 novembre la commission d'appel va ramener ma sanction à dix-huit mois de suspension ferme et six mois avec sursis, ce qui est une première victoire. Toujours persuadé que je ne peux avoir été contrôlé positif, je vais contester cette sanction devant le tribunal administratif de Strasbourg. Le 6 avril 2004, cette instance confirme la sanction de la Fédération française et ne fait pas cas de l'exception d'illégalité. Tout ce déploiement juridique s'avère donc vain. Entre-temps, je me suis même adjoint la présence de Me Michael Lehner – avocat du *miler* kenyan Bernard Lagat, récemment contrôlé positif à l'EPO puis innocenté lors de la contre-expertise – pour essayer de démontrer que le test de détection urinaire de l'érythropoïétine n'est pas infaillible. Sans plus de résultat. J'ai dépensé toute cette énergie, tout cet argent, pour finalement perdre ce combat juridique. J'aurais pu éviter cela en ayant une simple explication scientifique sur la durée de la présence d'EPO exogène dans mon corps. Personne ne m'a dit que les traitements que j'avais reçus pour traiter ma déchirure pouvaient modifier le temps de détection de présence d'EPO. Mais, pour cela, il aurait fallu que j'admette m'être dopé auparavant. J'étais dans une impasse.

Finalement, je décide d'abandonner la partie. Certains athlètes ont la force d'attendre la fin de leur suspension et reprennent ensuite la compétition. C'est le cas, par exemple, de l'Anglais Dwain Chambers ou du Français Naman Keita. Mais, en ce qui les concerne, l'athlétisme est toute leur vie, ce qui n'est pas mon cas. Je ne me sens pas de m'entraîner deux longues années sans faire de compétition.

Je décide de laisser tomber l'athlétisme et de ne pas chercher à recourir après ma suspension. Enfermé dans ma thèse du complot. Aussi, je me persuade que je suis victime d'une injustice. Ce qui est un peu étrange, je le sais, dans la mesure où j'ai bien consommé de l'EPO. Mais je crois que lorsqu'on se dope, on se construit sa propre vérité et on refuse de voir la réalité telle qu'elle est.

Néanmoins, je ne cherche pas d'excuses, j'ai joué et j'ai perdu. J'assume complètement mon dopage. D'ailleurs, je ne regrette pas de m'être dopé parce que je ne vois pas d'autre alternative. Je ne battrai pas ma coulpe en disant que c'est mal. Non. Ce n'est ni bien ni mal, c'est ainsi et c'est aussi la vie du sport de haut niveau. Cela en fait partie, ce n'est pas la pratique de tous mais d'un certain nombre. Et pas uniquement dans le vélo ou l'athlétisme. Prenons l'exemple du football, un sport que je connais assez bien tout de même. Lorsque l'on regarde par exemple un match de la Ligue des champions, le rythme auquel ça se joue, l'intensité, les courses incessantes, qui peut imaginer une seule seconde que cela est réalisé à l'eau claire ? J'ai joué au foot et j'ai pratiqué l'athlétisme avec les meilleurs coureurs de la planète. Eh bien, je peux dire que c'est rigoureusement impossible de courir comme peuvent le faire certains footballeurs, notamment durant des matchs de Ligue des champions, pendant quatre-vingt-dix minutes, sans assistance médicale. Le procès de la Juventus l'a de toute façon démontré. Des grands clubs ont – ou ont eu – recours à la boîte à pharmacie. Lors de ce procès, on a appris que certains joueurs connaissaient des variations importantes de leur hématocrite allant jusqu'à 51,2 % (*L'Équipe*, 10 juin et 15 juin 2000) et 51,9 % (*L'Équipe*, 29 juin 2004), ce qui démontre – selon l'expert invité à la barre, le professeur en pharmacologie à l'université de Pavie Gianmartino Benzi – que les variations relevées de ce taux « étaient compatibles avec une stimulation exogène d'EPO[1] ». En prenant de l'EPO, j'avais un taux à 49 %. Aujourd'hui, un coureur cycliste qui a plus de 50 % n'a pas le droit de prendre le départ du Tour de France. Mais finalement, est-ce que l'on ne se fiche pas de tout cela ? Après tout, est-ce que l'on ne vient pas d'abord pour voir un bon spectacle, des beaux matchs de foot ? Alors, simplement, que l'on ne vienne pas me faire de grandes leçons de morale en me pointant du doigt, en me désignant comme le vilain petit canard. Je constate simplement que le traitement n'est pas le même pour tous. Mais ce n'est pas nouveau. Il faut l'accepter. Je l'accepte. Au final, je ne regrette pas grand-chose, sinon de ne pas avoir bénéficié d'un encadrement

1. Lors d'une perquisition ordonnée par le procureur Raffaelle Guariniello, à l'été 1998, 281 types de médicaments avaient été trouvés dans les locaux de la Juventus de Turin. « De quoi subvenir aux besoins d'un hôpital de taille petite ou moyenne », a expliqué le professeur en pharmacologie à l'université de Pavie Gianmartino Benzi, au tribunal. Cet expert a conclu que le taux de 51,2 % de l'hématocrite de certains joueurs ainsi que les variations relevées de ce taux étaient compatibles avec une stimulation exogène d'EPO. (*The Times*, 26 mai 2003.) Au terme d'une très longue procédure, le médecin-chef de la Juventus de Turin, le Dr Agricola, a été dans un premier temps condamné à un an et dix mois de prison et à une interdiction d'exercer. Il sera blanchi en appel en décembre 2005. Le jugement rendu le 26 novembre 2004 se rapportait à la période 1994-1998 du club, riche en titres. L'expertise finale, confiée en partie au professeur Giuseppe D'Onofrio, hématologue, a porté sur l'étude des paramètres sanguins de quarante-neuf joueurs et a conclu à l'utilisation quasi certaine de l'EPO ou de transfusions pour deux joueurs, Conte et Tacchinardi, et très probablement pour six autres footballeurs. Un autre expert, le pharmacologue Eugenio Muller, avait dénoncé la quantité de médicaments utilisés par le club, mais aussi la qualité de certains d'entre eux, clairement détournés de leur usage thérapeutique : stimulants cardiaques, analgésiques, antidépresseurs, reconstituants contre l'alcoolisme.

structuré. Je pense que si j'avais disposé comme d'autres d'une vraie structure autour de moi, liée à la Fédération – entraîneur comme équipe médicale –, j'aurais pu éviter certaines erreurs. Aujourd'hui, c'est la seule chose que je puisse regretter. La cellule, les personnes qui sont autour des sportifs ont une influence importante sur la destinée de ces derniers. C'est certainement ce qui m'a manqué, des gens qui auraient pu m'encadrer, me contenir, me structurer. Moi seul, je n'avais pas la carrure pour mener une carrière. À plusieurs reprises, j'ai pris de mauvaises décisions, et cet échec est d'abord le mien. Je suis responsable de tout ce qui m'est arrivé. C'est moi qui me suis mis dans ce pétrin. J'ai manqué de volonté et de courage. Voilà tout.

12.

UN RÊVE PASSE

Après mon contrôle et la suspension qui s'ensuivit, j'ai recommencé une vie sans athlétisme. Forcément, il y a d'abord eu un grand vide. Alors que jusque-là je passais mes journées à m'entraîner, à faire des compétitions, à prendre des avions, à courir dans des stades, à répondre à des interviews, je me retrouve soudainement sans rien. Complètement désœuvré. Seul, chez moi. Bien sûr, nombre de personnes que je côtoyais régulièrement ne m'ont plus jamais donné de nouvelles. Une vie très remplie a laissé place en quelques jours à plus rien. Ce sont des moments difficiles à traverser.

Je me réfugie alors plus que jamais dans le football. Au fil des jours, au milieu de mon ennui, sans carrière d'athlétisme à mener, je me dis que c'est l'occasion ou jamais d'essayer enfin de faire sérieusement du football. Je décide de considérer cet accident du destin comme une chance et je choisis de tenter de réaliser ce que vraiment je veux faire depuis toujours : être footballeur.

À ce moment-là, mon entraîneur au FCSKO6, Pascal Malbo, me donne un coup de main. Il est lui-même un ancien joueur professionnel passé par Bordeaux. Il appelle un de ses copains, Philippe Sens, alors entraîneur des gardiens du Havre. Ce dernier en parle à l'ancien international Jean-François Domergue qui est alors entraîneur principal du club. Et là, la chance semble me sourire à nouveau puisque le club me propose de venir faire un essai. J'ai bien conscience que l'on m'offre cette opportunité en raison de mon statut d'athlète international.

En avril 2004, je rejoins donc l'équipe du Havre pour un stage de quatre jours. Lorsque j'arrive à l'aéroport, un chauffeur du club passe me chercher pour me conduire dans un hôtel du centre. Le lendemain, un dirigeant passe me prendre à l'hôtel pour aller à l'entraînement. Je rencontre tout d'abord Jean-François Domergue, qui m'accueille très chaleureusement. Il me présente aux joueurs de l'équipe en expliquant que je suis un ancien athlète venu faire un essai et qu'il compte sur tous pour bien s'occuper de moi. Les gars ont tout de suite été très sympas. L'équipe première du Havre évolue alors en Ligue 2. Dans cette formation, il y a Gérald Baticle, Jean-Michel Lesage, Alexandre Vencel, le gardien, qui par ailleurs connaît bien François Rulhman, un avocat de Strasbourg qui m'est proche... De très bons joueurs. Rapidement, nous entamons la première séance d'entraînement.

Voilà deux ans maintenant que je n'ai pas disputé le moindre match de foot, si bien qu'il me faut un temps d'adaptation pour retrouver des sensations. Au début, c'est un peu difficile, mais j'assure le minimum. On réalise un travail technique, des enchaînements balle au pied, contrôle orienté, des transversales... Après l'entraînement, Jean-François Domergue vient me voir et me dit : « Écoute, je vais être sincère avec toi. Si, au début, on t'a un peu pris à la légère car nous étions curieux de voir comment tu jouais, je dois t'avouer que j'ai vu que tu avais du football. » Cette petite phrase me fait beaucoup de bien, et je rentre à l'hôtel rasséréné par ces paroles. Le lendemain, pour le deuxième entraînement, on travaille des thèmes de match. L'entraîneur me demande de jouer au poste de milieu offensif. À côté de ça, les joueurs sont toujours très sympas, on se parle beaucoup et ils m'aident à mieux me placer sur le terrain. Car je manque cruellement de repères. Il me faudrait bien quelques semaines pour retrouver les automatismes du terrain. Le troisième jour, nous devons disputer un match amical face à Amiens.

Lorsque nous arrivons au stade, à la descente du car, il y a des journalistes, une ou deux caméras. Ce n'est pas la foule, mais tout de même, je me sens énormément gêné vis-à-vis des autres joueurs de l'équipe parce que ces journalistes sont là pour moi ! À la limite, si c'était pour l'ensemble de l'équipe, cela ne m'aurait pas ennuyé, mais là, ils viennent uniquement pour me voir et pas du tout pour l'équipe du Havre Athletic Club. Même s'il est logique qu'ils soient là puisque je suis connu et que l'essai que j'effectue n'est pas celui d'un joueur de football comme les autres, la présence de ces médias donne l'impression qu'un joueur-star vient disputer un match à Amiens alors que c'est loin d'être le cas. Un sentiment de honte m'envahit. Je deviens même tout rouge et je m'excuse auprès de mes partenaires. Bien entendu, ils me disent que tout cela n'est pas grave, me conseillent de me détendre, mais cela m'a terriblement crispé. Jean-François Domergue m'aligne comme titulaire, je vais donc tout de suite débuter la rencontre. Mais, dès le début, je me sens inhibé par cette attention autour de ma personne. Je sens que chacun de mes gestes est épié, scruté, et moi qui souhaite me fondre dans le groupe pour mieux débuter mon match, c'est raté. Comme je suis l'objet de toutes les attentions, je joue la peur au ventre, je ne suis pas du tout saignant. À la fin de la rencontre, Domergue vient me voir et je lui explique la situation. Il me dit : « Je souhaiterais que tu ailles jouer quatre mois en National – c'est-à-dire un niveau inférieur –, avant de revenir à nouveau t'essayer chez les pros. J'ai bien vu que tu as des qualités, mais tu as besoin de jouer, de retrouver le rythme des matchs et les repères. » Je suis très heureux d'enfin avoir ma chance. Je vais pouvoir tenter de faire mes preuves dans le seul sport qui compte pour moi. Je touche du doigt mon rêve d'enfant. Je vais enfin jouer véritablement au foot. Je me dis alors qu'il va me falloir travailler dur et m'entraîner comme un dingue si je veux rattraper les lacunes que j'ai inévitablement pour jouer à ce niveau. Je suis élancé comme un coureur de 1 500 mètres. Forcément, je suis très endurant et je peux courir deux fois plus longtemps et plus vite que la plupart des joueurs, mais il me manque la puissance musculaire pour résister aux chocs et aux impacts du football de haut niveau.

Je rentre à Strasbourg, le moral au beau fixe, prêt pour cette nouvelle aventure. Las, le Comité national olympique allait me briser dans cet élan et m'interdire toute planche de salut.

Comme mon essai a été médiatisé, aussitôt le Conseil pour la lutte antidopage (le CPLD) a, dès le 15 mars, étendu ma suspension à tous les sports. En conséquence, je n'ai pas le droit de jouer au foot. Ce qu'on appelle la double peine. On m'informe alors que je risque une peine de prison (six mois) si je continue, et le club du Havre, lui, une grosse amende. C'est terrible pour moi. Je suis suspendu certes, mais on me prive de toute possibilité de rédemption. J'ai déjà la tête sous l'eau et on veut que jamais je ne la relève, c'est ainsi que je vis cette décision. Je suis devenu un pestiféré du sport à jamais. En voyant que l'on brise mon rêve de gosse, je vis cela comme un acharnement, moi qui ne demande rien, juste que l'on me laisse tranquille, qu'on me laisse jouer au foot au Havre… À mon sens, je ne présente pas un grand péril pour le sport. Mais ces décisions sont prises par des gens qui malheureusement ne connaissent rien au sport et aux sportifs. Savent-ils ce que cela signifie de consacrer sa vie à l'entraînement, ce quotidien fait de doutes et de souffrances ?

Tout comme on refuse d'aider les jeunes qui veulent s'en sortir dans mon quartier, on me refuse la chance de me reconstruire à travers le football. Cela m'a complètement abattu et a été bien plus terrible à vivre que ma suspension pour dopage dans l'athlétisme. Je ne serai certainement pas un très grand footballeur, mais au moins que l'on me laisse tenter cette nouvelle aventure. Fouad Chouki joueur de CFA ou de National, voilà qui ne remettrait pas en cause l'ordre ni l'éthique sportive. Quand on retire son rêve a quelqu'un, il ne lui reste alors plus grand-chose. Le sentiment qui m'habite à présent est que plus rien sportivement ne m'est envisageable. Sans aucun but, je sombre dans une terrible dépression. Je ne fais plus du tout de sport, j'arrête les footings, j'arrête de jouer au foot, un peu comme si je voulais tuer le sportif qui est en moi.

Durant cette période très difficile, ma famille et surtout mon amie Neila me sont d'une grande aide. Elle est étudiante en langues étrangères appliquées (LEA), sa présence est très importante. D'abord pour faire le deuil du sportif que j'ai été, physiquement bien sûr, mais surtout mentalement. Car il est très difficile du jour au lendemain de retrouver une vie normale. De reprendre le cours d'une existence pour laquelle je n'ai jamais été préparé puisque, tout de même, dès l'adolescence, je me suis très vite retrouvé dans le monde de la compétition, un univers très en marge de la vie réelle. Centrés sur nous-mêmes, nous sommes finalement peu à l'écoute du monde environnant. Notre personne est l'objet de toutes les attentions et notre entourage nous décharge de beaucoup de choses du quotidien.

Après cette carrière d'athlète de haut niveau, je me retrouve seul avec moi-même, face à un grand vide, définitivement confronté à ce qu'on appelle la petite mort du sportif. Je me sens perdu.

13.

UNE ÉTRANGE AFFAIRE

Pendant plusieurs mois, je végète, je suis dégoûté, je ne sais plus où j'en suis. Je rentre à Strasbourg. Je ne fais rien de mes journées, je broie du noir, je sombre. Tout ce qui m'a toujours fait tenir debout m'a abandonné.

L'été venu, je veux faire un break et enrayer cette spirale dangereuse dans laquelle je m'enfonce. Il faut que je fasse le point. Je pars au Maroc, me ressourcer. J'y passe deux mois magnifiques parmi les miens… Cela m'apaise. Petit à petit, je retrouve une certaine quiétude et oublie les derniers soubresauts de mon existence. Mais, une fois encore, je vais être rattrapé par ce tumulte qui me poursuit depuis quelque temps.

En septembre 2004, je rentre donc à Strasbourg après ces deux mois passés au Maroc. Deux jours après mon retour, le 2 septembre 2004, trois policiers de la BAC débarquent chez moi. « Fouad, il faut que tu nous suives, on doit t'interroger pour une affaire très grave. »

Tout de suite, j'imagine tout un tas d'hypothèses sauf ce pourquoi ils vont me questionner. « Une affaire de mœurs, me disent-ils. Une jeune fille t'accuse de l'avoir violée. » Je commence par sourire bien que ce ne soit pas drôle. Les policiers me demandent où j'étais la veille. Je leur réponds que je suis allé en boîte de nuit. Des copains peuvent le confirmer. Puis vient le moment de la confrontation avec la jeune fille qui m'accuse. Elle ne me regarde jamais en face. Je la connais bien, c'est une jeune fille du quartier. Il m'est arrivé de l'aider à plusieurs reprises, de lui payer à manger. Je lui dis : « Mais tu te rends compte ce que tu es en train de me faire ? » Elle ne dit rien et reste tête basse. Après avoir prélevé mon ADN, les policiers me placent en détention.

Pendant ce temps-là, la nouvelle se répand très vite. Elle passe même au journal de 20 heures sur France 2. Je me retrouve face à un énorme emballement médiatique en raison de mon passé de champion. Lors de mes premières nuits en prison, j'ai un sentiment étrange. D'un côté, je suis serein car cette histoire ne tient pas debout, mais en même temps, je constate tout le mal que cela peut me causer. Ce que l'on va maintenant penser de moi. D'autant que mes parents ont très vite paniqué et veulent arranger l'affaire. C'est ainsi qu'ils annoncent que je vais plus tard me marier avec cette fille. Mais moi, je ne veux absolument pas me marier avec elle. Cela tourne au cauchemar, d'autant qu'un avocat, François Ruhlmann, qui a beaucoup œuvré pour moi par amitié, qui a fait de mon cas sa cause, a été parfois maladroit. C'est gentil de venir me défendre, mais il dit quelques bêtises qui ne m'ont pas forcément servi. Mais, en tout cas, je ne le remercierai jamais assez car il m'a soutenu au moment où ils étaient peu nombreux à le faire.

L'enquête se poursuit, et l'expertise génétique d'un prélèvement effectué sur l'adolescente ne révèle aucune trace significative d'ADN masculin.

Je suis donc libéré le 22 septembre 2004 et placé sous contrôle judiciaire. Un contrôle qui sera levé en septembre 2005. Entre-temps, en décembre 2004, l'adolescente se rétracte totalement, assurant qu'elle n'a eu aucune relation avec moi. Après dix-huit mois d'instruction au cabinet du juge Patricia Krummenacker, l'affaire qui a défrayé la chronique se boucle par un non-lieu, un avis partagé par le représentant du parquet Olivier Glady. Le cauchemar s'achève, mais il m'a profondément marqué. Heureusement, dans ce quartier où j'ai grandi, chacun a compris qu'il s'agissait d'une accusation sans fondement. À la Montagne Verte, les gens me connaissent depuis que je suis petit, ils savent bien que je suis incapable de faire une chose pareille. Plus tard, les frères de la jeune fille sont venus me voir pour s'excuser. J'ai malgré tout gardé de bons rapports avec sa famille que je connais bien.

14.

L'OUBLI

Entre cette histoire et mon contrôle positif, ces douze derniers mois ont été affreux. Après toute cette affaire, je retourne chez moi, vivre chez mes parents. Je suis éprouvé par ces derniers mois.

Du jour au lendemain, il m'a donc fallu changer mon mode de vie. Pendant des années, ma journée était organisée en fonction de l'athlétisme, au sein d'un groupe d'entraînement. Dorénavant, je dois faire face à cette nouvelle vie, seul.

J'habite donc chez mes parents, à la Montagne Verte. Je vis au jour le jour et j'ai beaucoup de mal à affronter le réel. Le grand écart entre ces deux univers, celui que j'ai quitté et celui que je découvre, est trop grand. Ne serait-ce que matériellement. J'ai eu une vie aisée. Un athlète français qui atteint les premiers rangs mondiaux, et surtout dans des disciplines médiatisées comme le 1 500 mètres, gagne beaucoup d'argent. En 2002, après avoir réalisé 3'33 à Monaco, je gagne jusqu'à 3 000 euros juste pour participer à un meeting, davantage même lorsqu'il s'agit de la Golden League. À cela s'ajoute une prime au résultat. Par exemple, en terminant troisième du meeting de Zurich, j'ai touché 8 000 euros à l'engagement et 8 000 euros au résultat. Par ailleurs, j'ai signé en 2001 un contrat de trois ans avec l'équipementier Puma qui m'a rapporté autour de 12 000 euros par mois. S'ajoutaient encore des aides de la Fédération (1 000 euros mensuels) et de mon club de Sotteville-lès-Rouen (1 500 euros mensuels). Ce qui m'offrait de coquets revenus.

À mon époque, il y avait encore de l'argent pour l'athlétisme, c'est beaucoup moins le cas aujourd'hui. Les athlètes par exemple n'ont plus de prime à l'engagement, à l'exception bien sûr de quelques phénomènes, comme Usain Bolt par exemple. Lui, c'est un cas à part, il touche 200 000 euros par meeting. Aucun athlète, qu'il s'agisse de Marion Jones, de Carl Lewis ou même de Sergueï Bubka, n'a jamais touché cela. Mais Bolt est peut-être le phénomène le plus hallucinant de l'histoire de l'athlétisme, ce qui peut justifier un tel engouement.

Moi, j'étais très loin de toutes ces sommes, néanmoins j'avais des revenus importants. Cela m'a notamment permis d'aider ma famille, comme cette maison que j'ai achetée à mes parents au Maroc. Du reste, j'en ai flambé aussi et puis j'en ai placé un peu, ce qui m'a permis de vivre durant les années qui ont suivi cette fin précipitée de ma carrière. Car, du jour au lendemain, je me retrouve à ne plus rien gagner. J'apprends à vivre avec presque rien, je l'ai vécu durant toute mon enfance, mais là, c'est plus difficile, surtout lorsqu'on a connu l'opulence.

Bien entendu, je pourrais vivre de petits trafics. Ce n'est pas compliqué quand vous habitez une cité. On peut aussi facilement monter son petit business. On sait où trouver des vendeurs et, après, on revend la drogue à des clients, on se fabrique un petit réseau et on prend sa marge au passage. Beaucoup de jeunes vivent de cela dans nos quartiers. Comme je l'évoquerai plus loin, je suis tenté par ce genre de business, mais, finalement, je ne tombe pas là-dedans.

Ma période de suspension passée, je prends une licence de footballeur amateur en CFA2 à Belfort. Il y a trois entraînements par semaine, plus le match. Aller-retour, cela représente 280 kilomètres, mais comme je suis simplement heureux de jouer, au début, j'oublie ce long trajet qui m'offre un peu de bonheur. Et puis, ça me fait du bien de retrouver la compétition. Reste qu'au bout d'un moment, les trajets sont devenus trop contraignants et coûteux.

C'est vraiment trop loin, presque 300 kilomètres pour un entraînement, même quand on aime vraiment le ballon... Je suis donc retourné jouer dans mon club de toujours, le FCKO6, à Strasbourg, où aujourd'hui encore j'ai une licence. C'est ma seule activité régulière, la seule qui me tienne à cœur. Mes rapports avec les gens du quartier n'ont pas changé. Durant ma période de « champion », je n'ai jamais fait ma star, je suis toujours resté le même vis-à-vis des voisins, des gens de la Montagne Verte. En revanche, dans ma tête, les choses ont changé. Il y a eu la gloire, je suis aujourd'hui un anonyme dans une vie tristement banale et sans véritable but. Moralement, il faut être fort pour encaisser cela. Nombreux sont les anciens champions qui vivent mal cette brutale transition. Surtout que les nombreux « amis » d'avant sont d'un coup moins nombreux. Mais ce qui me navre vraiment le plus, ce sont les quelques vrais amis qui ne me donnent aucun signe de vie. Je suis affecté que Bob Tahri, avec qui j'ai tant partagé, les bons mais aussi les mauvais moments, ne me passe pas un coup de fil. Aucun témoignage d'aucune sorte. Pourtant, lui et moi étions amis, on vivait ensemble. Je pense avoir fait tout ce que je pouvais pour être à ses côtés lorsqu'il a perdu son père. J'aurais aimé que, dans la période difficile que je traversais, il me fasse un signe.

Finalement, après quelques mois, je vais recouvrir ma vie d'avant le sport, petit à petit, je vais me fondre dans le paysage. Retourner à une forme de léthargie, celle qui habite beaucoup trop de jeunes dans ces quartiers identiques à la Montagne Verte.

Pendant quelques années, plus personne n'a de mes nouvelles. Mais il faut croire que je n'ai pas le destin d'un homme tranquille.

15.

LA PRISON

Un dirigeant du club de football nous a prêté sa voiture à mon frère et à moi pour aller à l'entraînement. Je dois avouer que, comme certains automobilistes, j'ai perdu tous mes points et je continue néanmoins de conduire. Je rentre donc de l'entraînement ce 28 mai 2008, lorsque je suis arrêté pour un contrôle comme cela arrive souvent dans nos quartiers. Constatant que je n'ai plus de permis, les gendarmes saisissent mon nom sur l'ordinateur central de la police pour voir si j'ai des antécédents. Là, ils découvrent – comme moi du reste – que je fais l'objet d'un mandat d'arrêt européen délivré en Allemagne. Les policiers me demandent si j'ai connu quelques problèmes en Allemagne. Pas que je sache. Ils me conduisent alors en garde à vue à

Strasbourg avant de me transférer à Colmar où sont traités ces mandats d'arrêt européens. C'est précisément là que je prends connaissance des faits qui me sont reprochés. Le parquet d'Offenburg souhaite m'entendre afin que je réponde à de graves accusations. J'aurais en effet blessé à coup de fusil à pompe, en Allemagne, un homme à qui je réclamais de l'argent. Il m'aurait formellement identifié. Je me serais rendu à Kehl dans la soirée du 2 avril. Avec un complice, je me serais introduit dans l'appartement de la victime, le menaçant avec un fusil à pompe en demandant : « Où est l'argent ? » Puis j'aurais tiré à bout portant, blessant grièvement la victime à la jambe.

Évidemment, j'explique tout de suite que je n'ai rien à voir avec cette histoire. En revanche, je connais effectivement la victime, mais je ne lui ai jamais tiré dessus. Le président de la chambre de l'instruction me demande alors si j'accepte « d'être remis aux autorités allemandes » pour répondre de ces accusations. J'accepte, n'ayant absolument rien à me reprocher, je peux aussi très bien refuser. Mais je suis si sûr de moi que je veux permettre aux autorités allemandes de vérifier mes dires et de constater leur erreur. Je me dis que je serai vite rentré chez moi. Malheureusement, cela ne se passe pas exactement comme cela.

Une voiture m'emmène à la frontière et, là, l'ambiance me fait de suite penser à un film qui se situerait pendant la guerre froide, où les camps ennemis échangent leurs prisonniers politiques. De l'autre côté de la frontière, des policiers allemands m'attendent et me conduisent directement au tribunal d'Offenburg afin d'y être interrogé par le juge et le procureur.

Une fois arrivé dans le bureau du procureur, j'explique à mes interlocuteurs qu'il s'agit d'une calomnie, d'une grossière erreur, que cette nuit-là, je n'étais pas en Allemagne. S'il n'est pas aisé de se souvenir où l'on se trouvait précisément deux mois auparavant, je me rappelle que lors de cette soirée, j'ai vu dans un bar le match Arsenal-Liverpool. Par ailleurs, je précise connaître la victime. C'est quelqu'un de Strasbourg que j'avais l'habitude de croiser et qui, au début de cette année 2008, m'a proposé 3 000 euros pour aller chercher de la drogue en Espagne et la rapporter à Strasbourg.

Trois mille euros en deux jours, c'était tentant, surtout dans ma situation à l'époque. J'étais désœuvré et je ne savais pas trop quoi faire de mes journées. J'étais paumé et j'ai accepté son offre. Le trajet devait avoir lieu plus tard.

Les semaines passent et, plus la date approche, plus je me sens mal. Je n'assume pas, et je me dis que si je commence à mettre un doigt là-dedans, c'est la fin. Je n'en sortirai plus. Non, je ne peux pas faire ça. Alors, quelques jours avant l'échéance, je vais le trouver et je lui dis : « Je lâche l'affaire, je ne peux pas faire un truc comme ça. » Il insiste et me répond : « Tu ne peux pas me lâcher si près du rendez-vous en Espagne. » Puis il se met en colère, me dit qu'il a pris des engagements et que moi aussi je me suis engagé vis-à-vis de lui. C'est vrai. Mais j'ai réfléchi et je ne veux pas rentrer dans un trafic comme celui-ci. Le ton monte. Je lui dis : « Écoute, c'est comme ça, c'est ma décision, débrouille-toi. T'as qu'à le faire le trajet. Salut. » Et je pars, je rentre chez moi. Quelques jours plus tard, en fait le jour prévu pour le rendez-vous, il m'appelle d'Espagne et me dit : « Viens, j'ai un billet d'avion pour toi, une voiture t'attend en Espagne, c'est sans risque. Je te donnerai 5 000 euros. » Je décline à nouveau son offre, et puis je n'entends plus parler de lui.

Début avril, je croise son frère près de chez moi. Il m'apprend que deux jours plus tôt, son frère s'est fait tirer dessus en Allemagne. J'ai tout de suite pensé que ce devait être lié à une affaire de drogue et puis je suis passé à autre chose, je n'ai plus pensé à cette histoire. Jusqu'à ce jour dans ce tribunal allemand où le juge et le procureur m'exposent les faits et m'interrogent.

Ils poursuivent l'interrogatoire, prennent mon ADN avant de me placer en détention provisoire.

Me voilà coincé entre quatre murs alors que je pensais faire un aller-retour express entre la France et l'Allemagne. Tout est allé si vite que je n'ai pas vraiment eu le temps de réfléchir à ce qui m'arrivait. Dans ces moments-là, on est emporté comme par un tourbillon. On est dans un état second. Mais là, assis dans cette cellule, peu à peu mes idées se mettent en place. Comment est-il possible que je me retrouve en Allemagne en prison sur une simple dénonciation ? Combien de temps vais-je rester ici ? Au début, je m'imagine sortir vite, et j'attends, j'attends. En vain. Les policiers commencent à vérifier les éléments que je leur ai donnés. Mais cela prend un certain temps. Ensuite, le juge ne souhaite pas me libérer de peur que je ne revienne pas pour le procès. C'est ainsi que commence ma détention provisoire, longue de sept mois...

Au début, je suis placé seul dans une petite pièce avec un lit, une table et une chaise. Je n'ai rien, pas de télévision, pas de livres, juste le Coran et un dictionnaire d'allemand. Les détenus sont réveillés tous les matins à 7 h 30. À 8 heures, nous allons en promenade. En fait, il s'agit de marcher dans une cour grande comme la moitié d'un court de tennis entourée de murs de quatre mètres de haut. J'aperçois juste un bout de ciel. Après avoir tourné comme des lions en cage pendant une heure, nous retournons en cellule. Je n'en sors plus de la journée. En effet, comme je suis « impliqué » dans une affaire criminelle, je suis confiné en cellule puisque présumé dangereux. On doit m'éviter tout contact avec les autres détenus. Eux, en revanche, disposent dans la journée d'une période où les portes de leurs cellules sont ouvertes. Ils peuvent alors se rendre dans le couloir et bavarder un peu. Moi, pendant ce temps, je demeure à l'isolement. Les autres détenus me montrent du doigt en disant : « Toi dangereux. » Comme je suis censé avoir tiré sur un gars avec un fusil à pompe, forcément, ça impressionne. Cela me permet au moins d'être plus tranquille. Car on le sait, il y a en prison des bagarres dont il vaut mieux se tenir à l'écart. Dans cette prison allemande, il y a notamment trois clans : les Turcs, les Allemands et les Russes. Nous sommes quelques rares Français. Les bagarres ont essentiellement lieu durant la promenade. La tension est extrême, notamment les mois d'été où il fait chaud. C'est durant les promenades que des personnes à l'extérieur de la prison envoient par-dessus les murs des boules de papier d'aluminium à l'intérieur desquelles il a été glissé de la drogue. Les gardiens veillent, mais bon nombre arrivent quand même à destination. Ce qui, d'une certaine façon, les arrange. En effet, la drogue est un moyen de maintenir le calme en prison, sans elle et les médicaments – notamment le Subutex, substitut à la drogue –, la situation serait vite intenable. Moi, heureusement, je ne suis jamais tombé là-dedans.

Je crois que le fait d'avoir pratiqué du sport de haut niveau m'a beaucoup aidé dans ces circonstances d'emprisonnement, comme par exemple d'avoir appris à gérer le stress ou les situations de tension.

Les gardiens ont découvert que j'ai été un champion des pistes, ils sont allés le vérifier sur Internet. Ils ont d'ailleurs été surpris que je sois là et se sont montrés toujours assez sympas avec moi. De toute façon, j'ai compris que si j'étais réglo avec eux, ils le seraient tout autant avec moi. Je ne veux d'embrouille avec personne. C'est déjà assez difficile comme ça.

Le simple enfermement génère du stress. Chacun l'apaise comme il peut. Beaucoup le font avec la drogue ou les médicaments. Moi, pour lutter contre ce stress, je m'organise pour faire de l'activité physique dans mon petit espace. Chaque jour, j'effectue trois à quatre cents pompes et environ quatre à cinq cents abdos. Me dépenser de cette manière me calme et structure un peu ma journée, en meublant mes heures de solitude.

Car je reste en cellule durant de longues heures. Des heures à ne rien faire, juste à méditer ou à lire. Je lis donc le dictionnaire d'allemand – et me familiarise ainsi avec cette langue –, et plus encore le Coran. Enfermé, je prends le temps de m'attarder dessus, de disséquer des sourates. Cela me permet finalement de revenir à travers ce livre à la source de la religion musulmane. Et grâce à cette lecture assidue, je me rends compte à quel point les gens ignorent la vraie nature de cette religion. En effet, l'islam repose sur des préceptes de tolérance, de liberté, de sagesse. Nombre de personnes qui se revendiquent de l'islam, en fait, sont complètement en contradiction avec lui. Notamment tous ces gens qui tuent, qui assassinent, qui commettent des attentats au nom d'Allah. Car un musulman qui fait couler le sang est considéré comme un mécréant. L'islam condamne les assassins. Quand on entend que des gens vont en tuer d'autres en criant « Allah Akbar », « Dieu est grand », c'est une insulte à Dieu. L'islam est une magnifique religion de l'amour de l'autre, de la paix et non de la haine, comme certains veulent le faire croire. Et je pense que cette lecture m'a changé, tout comme la prison d'ailleurs.

On ressort forcément différent d'une telle expérience d'isolement. Il faut comprendre qu'une heure en prison dure autant qu'une semaine ailleurs. Imaginez rester dans une salle de médecin pendant 24 heures sans même la lecture d'un vieux numéro de *Paris Match*.

Mes rares contacts, très furtifs, je les vis à l'heure des repas avec le gardien, soit deux fois par jour. Le premier repas est à 11 heures. À 14 heures, ils ramassent les plateaux. L'autre repas est à 16 heures. En général, on nous sert juste une tranche de pain avec une boîte de sardines ou un petit pot de confiture et c'est tout pour le restant de la journée.

Nous avons droit à trois douches dans la semaine. Le lundi, le mercredi, le vendredi. Des douches collectives de 15 minutes. Ce sont vraiment des minutes que l'on savoure. Je crois que ce sont les meilleurs moments de ma captivité. Enfin, même sous la douche, tu es encore en prison.

Personnellement, et toujours en raison de mon statut de prisonnier dangereux, je n'ai le droit qu'à deux visites par mois de vingt minutes. Et, durant ces visites, sont présents un surveillant, un traducteur et un policier, il y a donc peu de place pour l'intimité. Pour mon premier parloir, l'un de mes frères ainsi que ma mère viennent me visiter. Ma pauvre mère est abattue. J'essaye de faire bonne figure, de sourire, de montrer que tout va bien. Je lui dis : « Ne t'en fais pas, ça va », mais je vois bien que chaque jour que je passe en prison, elle le passe avec moi. Et ça, je ne peux pas le supporter. Après ce premier parloir, lorsque je remonte dans ma cellule, je suis détruit.

À ce moment-là, j'ai vraiment envie de faire une grosse bêtise. Je deviens fou. Et puis, finalement, j'arrive à me contrôler, à me ressaisir, à me convaincre de rester calme car je sais que ce n'est que comme ça que je pourrai m'en sortir et revoir ma mère. Mais je comprends mieux pourquoi beaucoup pètent les plombs.

Au bout de trois mois, l'acte d'accusation est rendu public. C'est un réel choc pour moi car le procureur s'exprime dans ce texte comme si c'était moi qui avais tiré. Je prends vraiment peur. C'est un sentiment bizarre de se retrouver comme ça au fond d'une cellule quand on n'a rien fait.

Je gamberge. Je me sens seul. Je n'ai personne à qui parler, à qui me confier, échanger, dire mon désarroi. On a fini par mettre un autre détenu dans ma cellule. Un Français, toxicomane. On n'a pas grand-chose à se dire. Il n'est pas très net. Comme il ne se lave jamais, je l'oblige à le faire. Heureusement, il n'est pas resté longtemps. De nouveau, je me retrouve seul. Au bout du quatrième mois, un autre Français me rejoint. Il s'appelle Lionel, il a vingt-sept ans et une histoire un peu similaire à la mienne. Lionel a été arrêté dans une voiture avec deux autres gars qui ont effectivement commis un hold-up. Les policiers l'ont pris pour le troisième larron du braquage. Il est affolé car il sait qu'il risque gros. J'essaye de le rassurer mais ce n'est pas facile. Il déprime. Moi, j'arrive à garder un moral relatif.

Je vis les parloirs très difficilement. Mon amie qui effectue le trajet pour venir me visiter est abattue lorsqu'elle me voit. Finalement, je pense que j'arrive à gérer cette situation car je sais que je n'ai pas commis cet acte dont on m'accuse, et je me dis que les faits, une fois vérifiés, vont me disculper.

J'ai appris que l'on a retrouvé de l'ADN sur le lieu du drame, tout ça peut m'aider. En tout cas, cela me permet de tenir. Je tente de réconforter mes proches en leur expliquant que le dossier me concernant est vide, que, si les policiers vérifient mes dires, ils finiront par confondre mon accusateur.

Mon collègue de cellule n'a, lui, pas vraiment d'éléments en sa faveur, pas d'alibi béton pour le jour du braquage. Mais moi, je sens, je vois qu'il est innocent. Dans ces moments d'abandon, tu sens si un gars est sincère ou pas. Et là, c'est vraiment très dur pour lui.

Les jours passent très lentement. Mon allemand s'améliore. Nous voilà au mois d'août, il fait une chaleur étouffante dans les cellules. Du 8 au 24 août 2008 se déroulent les jeux Olympiques à Pékin. J'y songe tranquillement au fond de cette cellule, j'ai vingt-neuf ans, et je me dis que c'est l'âge de maturité pour un *miler*. On a l'expérience, l'endurance et toujours la vitesse. Je me dis aussi que j'y serais certainement si tout cela n'était pas arrivé. Mes copains d'enfance, Bob Tahri et Mehdi Baala, s'y trouvent, eux. Ils ont même une chance d'y gagner une médaille. Malgré nos différends, c'est franchement ce que je leur souhaite du fond de ma cellule. Baala, Tahri, avec qui j'ai tout partagé depuis notre plus jeune âge. Les cross, les championnats, les stages, les parties de rigolade et les entraînements difficiles. Voilà, on a tracé la route pendant des années, côte à côte, d'amitiés en rivalités, et puis nos chemins se sont brutalement séparés. Eux sont aujourd'hui en Chine, au village olympique, et moi ici, oublié de tous entre quatre murs blêmes, en Allemagne. Mais je ne crie pas à l'injustice, chacun est en partie responsable de son destin. Je les imagine juste au village olympique, ces formidables lieux de rassemblement des athlètes du monde entier, au milieu de tant de cultures différentes, de toutes ces couleurs de peau. Je pense à cette fête olympique de Pékin, aux compétitions, au stress qui vous envahit. L'attente au village, et puis la navette qui vous transporte jusqu'au stade aux côtés de vos futurs adversaires. La navette de Pékin doit les mener jusqu'au Nid d'Oiseaux, le monumental stade olympique construit pour l'occasion que j'ai pu voir en photo. À l'heure où je pense à tout ça, il doit être plein. Enfin, c'est ainsi que j'imagine cette fête du sport, car je n'ai ni télévision ni journaux...

Et puis, il y a forcément le stade d'échauffement, là où les regards de défiance se portent vers les adversaires, juste avant de connaître l'angoisse de rejoindre le grand stade. Vient ensuite la chambre d'appel, et le cœur qui se serre. Et puis l'entrée dans l'arène, la foule, l'immense foule, les caméras, la clameur. Je l'entends presque d'ici où il règne un profond silence, quelquefois brisé par le râle d'un détenu. Sous les feux de la rampe, là-bas en Chine, il y a mes collègues athlètes, prêts à en découdre devant des millions de téléspectateurs. Tandis que moi, ici, dans l'obscurité d'une pièce sans âme, je ne pourrai même pas les voir. J'enrage. C'est difficile de ne rien regarder ni entendre du 1 500 mètres. Mehdi y a ses chances, mais le favori, c'est bien entendu Rashid Ramzi. Et lui, on sait à quoi il tourne[1]. Tout le monde le sait d'ailleurs. C'en est grotesque. Ramzi, c'est la caricature du dopage. Un mec sans grand talent qui remporte les courses facilement par la seule prise de produit. C'en est écœurant. Mais Mehdi peut monter sur le podium, lui a le talent pour cela, et puis c'est un bosseur. Un gars sérieux, beaucoup plus que je ne l'ai été.

Je ne saurai donc rien de sa course ni des records du monde d'Usain Bolt. Rien non plus des médailles françaises ni des exploits de Phelps. Juste la monotonie du gris de ma cellule, la balade du matin entre des murs. C'est plusieurs jours après, au parloir, que mon frère m'informe de la 4e place de Mehdi.

---

1. Rashid Ramzi, médaille d'or du 1 500 mètres aux jeux Olympiques de Pékin, a été contrôlé positif à l'EPO Cera (de dernière génération). Le double champion du monde du 800 mètres et du 1 500 mètres en 2005, à Helsinki, fait partie des six sportifs contrôlés positifs à l'EPO Cera lors des derniers JO. Ramzi, athlète d'origine marocaine devenu citoyen bahreïni en 2002, était le premier médaillé bahreïni de l'histoire des Jeux en athlétisme.

16.

LE PROCÈS

Plus les semaines passent et plus cela devient difficile. En attendant que l'on fixe la date du procès, j'enchaîne les séances de pompes et d'abdos dans ma cellule. Je me dis qu'il faut que je prépare mon procès comme une compétition. Alors, je me fais mal. Comme avant. Je m'inflige des séances difficiles. Garder la forme comme on garde l'espoir.

Le procès est finalement fixé à la fin du mois de novembre 2008.

Les semaines puis les jours qui me rapprochent de l'échéance s'apparentent à ce que j'ai connu les jours précédant une compétition. J'ai hâte que cela arrive et en même temps j'appréhende cette épreuve.

La veille du premier jour des débats, j'ai beaucoup de mal à trouver le sommeil. J'ai peur. Personne n'est préparé à affronter une salle de tribunal.

Il est très tôt lorsque les gendarmes viennent me chercher au petit matin. Ils me passent les menottes. Lionel me souhaite bonne chance.

Je découvre un tribunal moderne et impressionnant. On me fait entrer dans le box des accusés. Dans la salle, j'aperçois tout de suite mes frères, une présence rassurante. Le procès commence par la lecture de l'acte de renvoi, puis le président fait auditionner les témoins. Beaucoup de témoins. La procédure allemande est différente de la procédure française pour un tel procès. En fait, la vraie enquête a été réalisée pendant le procès. Jusque-là, la police allemande n'a pas fait rigoureusement son travail. Mon avocat, Me Franck Hansen, reprend l'affaire depuis le début en démontant point par point l'accusation.

À chaque fois qu'il apporte une preuve, le procès est interrompu et je dois retourner en prison le temps que l'on vérifie ce qu'avance mon avocat. C'est ainsi que le procès va durer plusieurs semaines.

Mon avocat se penche d'abord sur l'accusation de la victime. Mon accusateur a signifié aux enquêteurs que les agresseurs portaient des cagoules et, dans le même temps, il assure m'avoir reconnu. Il est en général difficile de reconnaître quelqu'un avec une cagoule !

Ensuite, un voisin de la victime vient expliquer à la barre que les agresseurs étaient plutôt petits et râblés. Mon avocat me demande de me lever, la cour peut constater que je suis grand et fin.

Ensuite, on s'intéresse au motif de cet acte : pourquoi serais-je allé tirer sur ce monsieur ? La victime explique alors à la barre que je suis en fait venu l'agresser pour lui réclamer une dette de jeu, une somme que j'aurais gagnée au poker contre lui. On lui demande alors quand et où nous avons joué. Il donne le nom d'un bar. Les débats sont ajournés le temps que l'on vérifie ses dires et que l'on fasse venir le patron de cet établissement. Après quelques jours, le procès reprend et le patron du bar est cité à la barre. Il explique qu'il ne me connaît pas et que l'on ne joue pas aux cartes chez lui. Pour ma part, je raconte, comme je l'ai fait auparavant lors de l'instruction, l'histoire de transfert de drogue qu'il m'a proposé et que j'ai finalement refusé. J'explique qu'il m'a même rappelé d'Espagne pour me convaincre de le faire.

À nouveau le juge demande à ce qu'on vérifie si la victime était bien ce jour-là en Espagne. Il y était. Pour se défendre, il dit qu'il était parti deux jours en vacances en Catalogne. L'un de ses complices est également interrogé sur ce voyage en Espagne. Mais tous les deux se contredisent sur les détails matériels de ce séjour soi-disant de villégiature. L'un explique qu'ils ont pris des chambres séparées, alors que l'autre assure qu'ils partageaient la même chambre.

Mais l'élément le plus important pour moi, afin de faire éclater la vérité dans toute cette histoire, c'est que les agresseurs ont laissé un certain nombre de traces sur les lieux de l'agression. Je compte notamment sur les traces d'ADN découvertes sur place par les auteurs de l'attaque. Or les laboratoires livrent les résultats de leurs analyses : l'ADN retrouvée n'est pas la mienne ! C'est pour moi un moment fort et un grand soulagement. Heureusement que la science peut apporter de telles preuves à des enquêtes judiciaires et permettre ainsi à des innocents d'être disculpés.

Au fur et à mesure du procès, je reprends espoir. Je me dis que le juge est forcément quelqu'un de sensé, qu'il se rend bien compte au fil des débats que cette accusation ne tient pas debout. C'est pourquoi je reste très calme pendant toute la durée du procès. Maître de moi comme lors d'une compétition. Là encore, mon expérience du sport de haut niveau m'a considérablement aidé.

Les jours passent et les juges demeurent impassibles, et ce, même si, à la manière dont ils posent les questions à la victime, on sent qu'ils doutent un peu de sa sincérité. Chacune de ses affirmations est aussitôt démentie soit par les faits, soit par les témoignages. Pour autant, je suis en plein doute lorsque arrive le dernier jour du procès. Forcément, on ne peut être sûr de rien.

On me réveille à 7 heures, puis on me donne un sandwich et une pomme. Nous nous saluons avec Lionel. Il me dit : « J'espère que ce soir tu seras libre. » Puis je rejoins le tribunal. C'est donc la journée cruciale, celle qui va décider de mon sort. Mes frères sont toujours dans la salle. Je suis particulièrement tendu. Le procureur prononce son réquisitoire, très dur à mon encontre. Tous les éléments qui contredisent les déclarations de la victime ne l'ont pas troublé. À la fin, il demande sept ans de réclusion. Sept ans ! Je n'en reviens pas. Ce chiffre commence à tourner dans ma tête. Je me dis que ce n'est pas possible, que je ne vais pas passer les sept prochaines années enfermé alors que je n'ai rien fait.

C'est au tour de mon avocat. Il s'avance et prend la parole. Patiemment, méthodiquement, il démonte toute l'accusation, prouve argument par argument que cette accusation ne tient pas debout. Les débats sont en allemand, mais, en six mois, j'ai eu le temps d'apprendre cette langue. Je suis ces paroles et, au fil de celles-ci, je reprends confiance. Je me dis que le juge va bien voir qu'il s'agit d'une accusation mensongère. Il va se rendre compte de l'absurdité de la situation. Lorsqu'il achève sa plaidoirie, je baisse les yeux, je rentre en moi-même en espérant que ces mots touchent le cœur des juges et plus encore leur bon sens. On me propose de m'exprimer une dernière fois. Quelques mots pour changer le cours d'une vie. Je ne suis pas un grand bavard, il ne me reste donc que ma sincérité.

Le président met fin aux débats, et je retrouve les sous-sols du tribunal le temps de la délibération. Après plus d'un mois, le procès s'achève et l'on me conduit dans une petite pièce pour attendre mon sort. Débutent les heures les plus lentes de mon existence. Quatre longues heures d'une insupportable attente pendant laquelle je passe par tous les sentiments. De l'espoir au découragement le plus profond. Ma courte vie – certes déjà bien remplie – va ainsi défiler dans ma tête. Pas banale cette vie, certes, mais elle pourrait aussi très bien basculer dans quelques minutes vers un gouffre du fond duquel je ne sais pas si je serais capable de revenir.

Soudain, j'entends une porte s'ouvrir. Les policiers viennent me chercher. Ils me repassent les menottes, puis m'accompagnent jusqu'au box. Je n'ai pas souhaité que mes parents viennent, cela aurait été trop dur à vivre pour eux. Deux de mes frères sont assis dans le public. Je les fixe du regard. Le silence s'installe dans la salle ; je retiens ma respiration. Puis le juge lit le verdict. Je connais le terme acquittement : FREICHPRUCHT. Au milieu de la phrase prononcée par le juge, j'entends ce mot, c'est alors comme si tout mon être s'affaissait, un immense relâchement de tous les muscles de mon corps. Il y a un énorme brouhaha, mais les sons ne parviennent pas jusqu'à moi. Je suis comme en dehors du monde durant quelques secondes.

Mon avocat me serre alors la main. Mes frères s'approchent et me tendent un téléphone. Je le prends machinalement, le porte à mon oreille et là, j'entends la voix de ma mère. Elle est en larmes, n'a plus de mots, elle pleure seulement. Je suis immobile, j'écoute ses sanglots. C'est bouleversant, parce que c'est tout l'amour d'une mère, l'immense amour d'une mère pour son fils qui m'arrive à travers ce petit combiné. J'ai gardé ma sérénité durant tout ce procès, mais là, je ne retiens plus mon émotion, je pleure moi aussi, l'oreille collée à ce téléphone. Je lui dis simplement : « Maman, je serai ce soir à la maison. »

De retour à la prison, je récupère mes affaires et salue les gardiens. Puis on m'ouvre la porte. Dehors, il fait froid, mais je me souviens d'avoir tout de suite regardé le ciel.

17.

TOUR D'HONNEUR

Je suis rentré chez mes parents à la Montagne Verte où je demeure aujourd'hui. J'ai repris le football dans mon club du FCK06. Il y règne toujours une ambiance familiale. Nous sommes en Excellence. J'évolue au poste de meneur de jeu. Je prends toujours autant de plaisir à jouer au football. Je prépare mon brevet d'État pour devenir entraîneur.

L'hiver, je travaille pour une association qui s'occupe des sans-abri. Je les accueille le soir après leur journée d'errance. On leur sert un repas chaud. J'aime discuter avec eux. Ils me racontent comment leur existence a basculé, parfois pour un petit rien, et je comprends ces mots-là. Le matin, ils repartent à la rue dans le froid de l'hiver. Il est 6 heures. Je referme le local.

Régulièrement, je vais travailler sur des chantiers. Il est loin le temps des stades et des bravos.

Dans mon affaire, le procureur s'est pourvu en cassation.

Lionel a pris trente-six mois fermes.

Je n'ai jamais repris l'athlétisme. En revanche, parfois, je regarde les courses à la télévision. J'ai ainsi suivi les championnats du monde à Berlin et notamment les formidables exploits d'Usain Bolt qui a fait de ses adversaires, pourtant d'immenses athlètes, des petits garçons.

Évidemment, j'ai bien suivi le demi-fond. J'ai vu Mehdi Baala une nouvelle fois échouer dans un championnat. Je ne sais plus quoi penser. En revanche, j'étais très heureux pour Bob Tahri. J'avais la chair de poule en le voyant aller chercher cette médaille de bronze. Il la mérite tellement. Même si, aujourd'hui, on ne se parle plus, même si j'ai été très déçu par son attitude à mon égard, par le fait qu'il m'ait tourné le dos après mon contrôle positif alors que d'autres athlètes qui m'étaient moins proches m'ont témoigné de l'amitié. Oui, j'ai été peiné qu'il coupe les ponts. Malgré cela, j'étais très heureux ce jour-là, surtout après tout ce que l'on a vécu ensemble. J'ai repensé à tout cela lorsque je l'ai vu franchir la ligne. Il en a tant bavé, il a si souvent terminé à des places d'honneur. Or lui, contrairement à moi, il n'a jamais rien lâché. Il a travaillé. Il a eu cette ténacité et cette témérité que je n'ai jamais eues. Il a toujours su ce qu'il voulait, il voulait être un champion. Et un champion, c'est quelqu'un qui se fixe un objectif et qui n'en dévie pas. Qui sacrifie tout à cela.

Moi, j'en ai été incapable, j'ai perdu mon énergie dans des petites choses qui n'en valaient pas la peine. Je n'ai pas eu l'humilité qu'exige cette discipline. J'ai fait ma carrière sur mes dons, mais un grand sportif, ce n'est pas qu'un physique, c'est aussi et surtout de la volonté et du courage. Alors, en toute sincérité, je ne méritais pas d'être un champion.

Mais il me reste toute la vie pour devenir quelqu'un d'autre.

REMERCIEMENTS

À Bernard Sutter, Jean-Claude Richter, François Ruhlmann, José Carlin Pérez et Samir Chouki.

PALMARÈS

Fouad Chouki est né le 15 octobre 1978 à Strasbourg.

Informations générales

Spécialités	Cross - 1/2 fond – 800 mètres – 1 500 mètres – 3 000 mètres
Entraîneurs successifs	Bernard Sutter, Hassan El-Idrissi.
Nombre de sélections	Jeune : 7 sélections International A : 4 sélections 2 victoires chez les A Période : Jeune (1994-1999) – International A (2000-2003) – Non classé (2003).

Clubs successifs	AS Cheminots Strasbourg (jusqu'en 2001) Stade Sottevillais 76 (à partir de 2002).
Compétitions internationales	Championnats du monde juniors Championnats d'Europe juniors Jeux Méditerranéens Championnats d'Europe Coupe d'Europe Championnats du monde Champion de France dans les catégories : minimes, cadets, juniors et espoirs (sur 800 mètres). Meilleur performer mondial de l'année (catégorie cadets) en 1995 sur 3 000 mètres (8'11").

SELECTIONS

Non classé : 23/08/2003 (9j) – (25 ans)
Paris-Saint-Denis (FRA) championnats du monde : 1 500 mètres - Disqualifié
INT A : 21/06/2003 (2j) – (25 ans)
Florence (ITA) coupe d'Europe « Spar » : 3 000 mètres – 1er 8'22"56
INT A : 06/08/2002 (6j) – (24 ans)
Munich (GER) championnats d'Europe : 1 500 mètres – 4e 3'45"46 (3'41"36 en série)
INT A : 11/09/2001 (4j) – (23 ans)
Tunis (TUN) Jeux méditerranéens : 1 500 mètres – 3e 3'47"97

INT A : 02/09/2000 (1j) – (22 ans)
Vittel FRA A – GBR A : 1 500 mètres – 1er 3'48"74
Jeune : 06/02/1999 (1j) – (21 ans)
Birmingham GBR – FRA espoirs en salle : 800 mètres – 3e 1'55"41
Jeune : 24/07/1997 (4j) – (19 ans)
Ljubljana (SLO) championnats d'Europe juniors : 1 500 mètres – 4e 3'48"20
Jeune : 22/08/1996 (4j) – (18 ans)
Sydney (AUS) championnats du monde juniors : 1 500 mètres – 6e en 1/2 finale 3'45"32
Jeune : 03/08/1996 (1j) – (18 ans)
Nembro ITA-ESP-FRA-GBR juniors : 1 500 mètres – 1er 3'57"95
Jeune : 23/03/1996 (1j) – (18 ans)
Cape Town (RSA) championnats du monde juniors : Cross – Abandon
Jeune : 22/07/1995 (1j) – (17 ans)
Bochum-Wattenschied GER-BLR-FRA juniors : 3 000 mètres – 1er 8'25"63
Jeune : 16/07/1994 (1j) – (16 ans)
Barcelone ESP-ALG-FRA cadets : 3 000 mètres – 1er 8'27"25

BILANS – PERFORMANCES ET MEILLEURS CHRONOS OBTENUS PAR ANNÉE ET CATÉGORIES D’ÂGE

Année	Catégories d’âge	800 mètres	1 000 mètres	1 500 mètres	3 000 mètres
1992	Minime 1	2’56”0			
1993	Minime 2	2’36”30			8’49”71
1994	Cadet 1	1’59”96		3’59”00	8’27”25
	Cadet 2	1’53”44	3’49,80	8’11”60	
1996	Junior 1	1’52”21	2’25”5	3’43”67	
1997	Junior 2	1’48”81	2’21”67	3’42”02	7’49”87
1998	Espoir 1	1’48”50		3’45”90	
1999	Espoir 2	1’51”39	2’28”27		8’01”15
2000	Espoir 3	1’47”70		3’36”83	
2001				3’33”89	

Titres, podiums et résultats aux championnats de France

1993 06/07/93 à Tours. 1er du championnat de France du 3 000 mètres minime en 8'49"71

1994 06/03/94 à Vittel. 3e du championnat de France cadet de cross

09/07/94 à Dreux. 1er du championnat de France 3 000 mètres cadet en 8'32"99

1995 08/07/95 à Evry-Bondoufle. 1er du championnat de France 3 000 mètres cadet en 8'27"14

1996 03/03/96 à Carhaix. 3e du championnat de France junior de cross

13/07/96 à Lyon-Parilly. 2e du championnat de France 1 500 mètres junior 3'49"18

1997 12/07/97 à Villeneuve-d'Ascq. 2e du championnat de France 1 500 mètres junior 3'42"53

1999 02/99 à Lievin. 3e du championnat de France N1 indoor 800 mètres en 1'51"11

10/07/99 à Aix-les-Bains. 3e du championnat de France 1 500 mètres espoir en 3'47"43

Sélections en équipe nationale catégorie cadet à senior A

1994 Espagne – Algerie – France cadets le 16/07/94 à Barcelone

1er au 3 000 mètres en 8'27"25

1995 Allemagne – Biélorussie – France cadets 2 et juniors 1 le 22/07/95 à Bochum

1er au 3 000 mètres en 8'25"63

1996 championnats du monde de cross-country juniors le 23/03/96 au Cap – abandon (température près de 40 °C alors que les températures lors de la préparation en Alsace variaient autour de – 10 °C)
Italie – Espagne – France – Grande-Bretagne juniors le 03/08/96 à Nembro (It)
1er au 1 500 mètres en 3'57"95
championnat du monde piste du 20 au 25 août 1996 à Sydney
6e en demi-finale en 3'45"32, après un stage en Nouvelle-Calédonie, tous les membres de la sélection française étaient malades dont Fouad.

1997 championnats d'Europe juniors du 24 au 27 juillet 1997 à Ljubljana
4e en finale du 1 500 mètres en 3'48"15

1999 match espoirs Grande-Bretagne/France indoor le 06 février 1999 à Birmingham 3e au 800 mètres en 1'55"41 (malae)

1999 match espoirs/seniors France – Grande-Bretagne le 02 septembre 2000 à Vittel
1er au 1 500 mètres en 3'48"74

2000 jeux Méditerranéens le 14 septembre 2001 à Tunis
3e au 1 500 mètres en 3'47"97

BILANS ANNUELS DES PERFORMANCES AU NIVEAU FRANÇAIS, EUROPÉEN ET MONDIAL

1993 3 000 mètres minimes 8'49"71 = meilleure performance française

1994 1 500 mètres cadet 3'59"00 le 05/06 à Rennes = 2e meilleure performance française

	3 000 mètres cadet 8'25"25 = meilleure performance française
1995	800 mètres cadet 1'53"44 le 03/09 à Gengenbach (All.)= 2e meilleure performance française
	1 500 mètres cadet 3'49"80 le 21/06 à Saint-Maur = 2e meilleure performance française
	3 000 mètres cadet 8'11"60 le 12/09 à Nancy = meilleure performance française, meilleure performance européenne, meilleure performance mondiale
1996	1 000 mètres junior 2'25"5 le 22/06 à Strasbourg = 3e meilleure performance française
	1 500 mètres junior 3'43"67 le 06/07 à Mulhouse = 3e meilleure performance française
1996	800 mètres junior 1'48"81 le 04/07 à Baden-Baden = meilleure performance française
	1 000 mètres junior 2'21"67 le 16/09 à Nancy = 2e meilleure performance française
	1 500 mètres junior 3'42"02 le 06/07 à Mérignac = meilleure performance française
	3 000 mètres junior 7'49"87 le 18/06 à Metz = 2e meilleure performance française, 2e meilleure performance européenne et 6e meilleure performance mondiale

RÉSULTATS EN CROSS-COUNTRY

En cadet 1 et 2 ainsi qu'en junior 1 et 2, Fouad Chouki a remporté le cross Républicain lorrain. chaque fois devant Tahri. Il est arrivé premier au cross international de Dijon en 1996, ainsi qu'au cross du *Figaro* en 1994.

LEXIQUE

Catégories d'âge : poussins (10-11 ans) ; benjamins (12-13 ans) ; minimes (14-15 ans) ; cadets (16-17 ans) ; juniors (18-19 ans) ; seniors (20-40 ans).

Cross (de l'anglais *cross-country*) : course à pied sur un terrain présentant des obstacles naturels.

EPO : l'érythropoïétine (EPO) est une hormone présente naturellement dans le corps qui participe au processus de production des globules rouges. L'EPO synthétique, injectée dans l'organisme, a pour effet de stimuler cette production et donc de faire remonter l'hématocrite.

Golden League : ligue rassemblant les plus prestigieux meetings d'athlétisme d'Europe (Berlin, Oslo, Rome, Saint-Denis, Zurich, Bruxelles et Monaco). Les athlètes remportant leur épreuve à chacun des meetings se partagent 1 million de dollars.

Hématocrite : volume occupé par les globules rouges par rapport à la quantité de sang total (globules rouges plus plasma) : il s'exprime en pourcentage et est une mesure de la capacité de transport d'oxygène par le sang. Chez l'homme, la valeur normale est de 40 à 50,5 %. Chez la femme, la valeur normale est de 35 à 45 %. On emploie couramment l'expression « taux (d')hématocrite ».

Miler : athlète participant à des courses sur une distance de 1 609 mètres (un *mile* anglais) ; par extension, les coureurs de 1 500 mètres sont aussi appelés *milers*.

Minima : performances fixées par les fédérations qui posent des objectifs minimaux pour pouvoir prétendre à participer à des compétitions de haut niveau (championnats d'Europe, du monde, jeux Olympiques).

Steeple (de l'anglais *steeple-chase*) : course à pied sur piste présentant des obstacles artificiels.

Subutex : médicament utilisé notamment comme substitut de synthèse aux opiacés (opium, morphine, héroïne).

UNSS (Union nationale du sport scolaire) : une fédération multisports ouverte à tous les jeunes collégiens et lycéens inscrits dans les associations sportives de leurs établissements.

Table

Prologue 9

1. Départ 13
2. Premières foulées, premiers succès 17
3. Point de côté 41
4. Au nom du père 47
5. La rude vie du coureur de fond 55
6. Premières foulées dans le grand monde 67
7. Le dopage comme une évidence 83
8. Le temps des seringues 97
9. La gloire 107
10. Le cauchemar de Saint-Denis 115
11. La chute 123
12. Un rêve passe 131
13. Une étrange affaire 139
14. L'oubli 143

15. La prison 149
16. Le procès 163
17. Tour d'honneur 171

Remerciements 175
Palmarès 177
Lexique 185

Pour l'éditeur, le principe est d'utiliser des papiers composés de fibres naturelles, renouvelables, recyclables et fabriquées à partir de bois issus de forêts qui adoptent un système d'aménagement durable.

En outre, l'éditeur attend de ses fournisseurs de papier qu'ils s'inscrivent dans une démarche de certification environnementale reconnue.

Ce volume a été composé par PCA

Impression réalisée par
CPI BRODARD ET TAUPIN
La Flèche
pour le compte de Hachette Littératures
en novembre 2009

Imprimé en France
Dépôt légal : novembre 2009
N° d'édition : 01 – N° d'impression : 55242